KB035685

내가 보는 사주여행

—— 내가 보는 ——
사주여행

지은이 | 이진훈·이은결
펴낸이 | 김명수
펴낸곳 | 도서출판 시아북(詩芽Book)
발행일 | 2023년 3월 15일

출판등록 | 2018년 3월 30일
주소 | 대전광역시 동구 선화로214번길 21(3F)
전화 | (042) 254-9966, 226-9966
팩스 | (042) 367-2915
E-mail | siabook@daum.net

값 20,000원

ISBN 979-11-91108-66-8(93180)

* 저자와의 협의에 의해 인지를 생략합니다.
* 잘못된 책은 바꿔드립니다.

내가 보는
사주
여행

이진훈 · 이은결 지음

동양의 형이상학은 **음양론**과 **오행론**의 결합에서
그 의의를 발견할 수 있다.
중국사상사에서 음양오행은 하나의 **철학적 개념**이며
정신사적 표상이다.

시아북
퓨쳐BOOK

책을 출간하며

2010년에 명리학에 대한 입문서를 출간하여 여러 장소에서 그 서적을 교재로 강의를 진행하다 보니 무엇이 빠르고 간편하면서 알기 쉬운 길인가를 경험으로 알게 되었다.

이미 발간된 '눈썹도인과 함께하는 명리여행'은 독자들이 漢字가 많다는 지적과 입문서로서 난해하다는 지적이 있어서 명리학을 학습하는데 초급과정 중심으로 다시 출간하려고 숙고하던 중에 술수학에서 현장경험이 많으신 사라 선생님과 함께 명리학을 보다 쉽고 빠르게 접근하여 누구나 학습할 수 있도록 입문서를 출간하게 되었다. 명리학에 관심이 있는 학습자들에게 조그만 등대가 되었으면 하는 희망을 가져 본다.

2023년 1월

삼관재에서 이진훈

명리의 입문

제1장
명리의 입문

I. 음양오행의 이해

동양의 형이상학은 음양론과 오행론의 결합에서 그 의의를 발견할 수 있다. 중국사상사에서 음양오행은 하나의 철학적 개념이며 정신사적 표상이다. 음양오행은 우주자연과 인간사회의 모든 현상들을 논리적으로 설명하기 위한 방법이다.

음양(陰陽)이라는 말은 최초 시경시대(詩經時代)에서 발견이 된다. 음양은 양지와 음지를 나타내는 단순하고 원시적의미에서 출발하지만 마침내 우주나 인간의 모든 현상을 음과 양으로 설명하게 된다. 곧 천도변화(天道變化)를 음양이기(陰陽二氣)의 성장과 소멸로서 설명하는데, 사물의 대치와 통일성의 두 가지 측면을 함축하고 있는 것이 음양이다.

오행(五行)은 음양의 영향으로 만물의 생성과 소멸을 오행의 변전(變轉)으로 설명하려는 것이다. 오행이라는 말은 최초에『尙書』의「甘誓」와「洪範」에 나타난다. 음양과 비교하여 출현빈도가 적고 시대적으로 뒤늦은 것으로서 춘추시대에 인간생활에 필요한 다섯

가지의 물질이라는 의미에서 출발하여 전국초기까지 사용되다가 전국말기에 이르러 상생과 상극작용의 관념이 더 해지면서 하나의 사상적 조류를 형성하였다.

음양과 오행이 서로 결합을 하는 시기가 전국말기라 할 수 있는데, 이러한 배경에는 음양가인 추연(鄒衍)의 영향이 매우 크다고 할 수 있다. 그는 음양소장(陰陽消長)과 오덕전이(五德轉移)의 변천과 관계있는 오덕종시설(五德終始說)을 전개 하였는데, 「呂氏春秋」에서 그것이 추연과 관계가 있음이 확실히 드러났다.

그의 논리가 當代에 주목을 받았던 이유는 상승설(相勝論)때문이었다. 곧 천하의 패권을 놓고 다투던 시기에 왕조의 교체과정을 오행의 상극작용을 통하여 설명하였다. 시대가 변화하면서 오행과 사시(四時)의 결합 등 다양한 형태로 나타나다가 진한교체기(秦漢交替期)를 거쳐 한 대(漢代)에 이르러 동중서(董仲舒)의 삼통설(三統說)까지 논리적 변천을 하게 되는 것이다.

1. 음양의 구분

- 양의 의미 : 존재, 팽창, 발전, 빛, 열, 남자, 하늘
- 음의 의미 : 소멸, 축소, 쇠퇴, 어두움, 차가움, 여자, 땅

2. 오행의 상생과 상극작용

- 오행의 상생

木은 火를 生하고 火는 土를 생하며 土는 金을 생하고
金은 水를 생하고 水는 木을 생한다.
木生火 火生土 土生金 金生水 水生木
오행의 상생에 대하여 『命理探原』에서는 다음과 같이 설명하고
있다.

木이 火를 生하는 것은 木의 성질이 따듯하여 火가 그 속에 숨어
있다가 충돌하여 태우면 생하는 까닭에 木이 火를 생한다. 火가
土를 生하는 것은 화가 熱한 까닭에 당연히 木을 태울 수 있으며
木이 타면 재가 되므로 재는 곧 土가 되는 것이니 火가 土를 생한
다. 土가 金을 生하는 것은 金이 돌과 산에 암장(暗藏)되어 있다가
그 내면 성질이 녹아 흘러 산출되며 土가 모여 산이 되고 土는 반
드시 돌을 낳을 수 있는 까닭에 土가 金을 생한다. 金이 水를 生하
는 것은 少陰의 氣는 따듯하고 풍부하며 金을 녹이면 또한 水가 되
기에 金이 水를 생한다. 水가 木을 생하는 까닭은 水의 적셔줌을
통하여 生存할 수 있는 까닭에 水가 木을 생한다.

- 오행의 상극

木은 土를 剋하고 土는 水를 극하며 水는 火를 극하고
火는 金을 극하고 金은 木을 극한다.

木剋土 土剋水 水剋火 火剋金 金剋木

오행의 상극에 대하여 『白虎通』에서는 다음과 같이 설명 하고 있다.

五行이 서로 剋하는 것은 天地의 성질이 많은 것이 적은 것을 이기는 까닭에 水가 火를 剋하고, 정밀하고 미세한 것이 단단한 것을 능히 이기기에 火가 金을 극하며, 굳세고 강한 것이 부드러운 것을 이기기에 金이 木을 극하며, 단단한 것이 흩어진 것을 이기므로 木이 土를 극하고, 알찬 것이 비어 있는 것을 이기기에 土가 水를 剋한다.

- 오행의 승모(乘侮)

오행의 승모작용은 상승과 상모로 구분하는데 상승은 극하는 것이 너무 과다한 것이고 상모는 극하는 것이 역으로 극을 당하는 것이다. 이것은 정상적인 상생과 상극작용이 파괴되어 비정상적으로 일어나는 관계로 이해 할 수 있다.

예를 들어 金은 원래 木을 剋하는데 金이 과다하게 되면 강력한 金氣가 木을 乘하게 되어 金이 木을 지나치게 극하게 되는 것이며, 火는 본래 金을 극하게 되어 있는데 金氣가 태강하면 지나친 기운 때문에 火가 역으로 金에게 극을 받게 되는 것이다.

3. 오행속성종합표

區分	木	火	土	金	水
陰陽	陽母	太陽	中性	陰母	太陰
干支	甲乙 寅卯	丙丁 巳午	戊己 辰戌丑未	庚辛 申酉	壬癸 亥子
性質	曲直	炎上	稼穡	從革	潤下
方位	東	南	中央	西	北
季節	春	夏	四季	秋	冬
數理	三八	二七	五十	四九	一六
色	靑	赤	黃	白	黑
味	酸	苦	甘	辛	鹹
五常	仁	禮	信	義	智
身體	肝, 膽, 神經, 목, 頭部	心, 小腸, 氣, 血液, 視力	脾臟, 살, 皮膚, 胃	肺, 大腸, 骨格	膀胱, 骨髓, 泌尿器

Ⅱ. 시간에 대한 이해

1. 12時辰

지구는 자전운동을 하여 태양광선이 24시간마다 비추었다가 소멸하는 과정을 반복한다. 이것을 이르러 하루라고 하며 하루는 보통 24시간으로 표기하고 매 시간을 60분으로 나뉘고 매분은 60초로 나누어 표기 하는 것이 현대의 시간 계산단위라 할 수 있다. 그런데 엄밀히 따지면 지구가 1년을 자전하는 평균시간을 계산하여 놓은 것에 불과하다.

지구가 정확하게 24시간 자전하는 경우는 양력으로 4월 15일, 6월 14일, 9월 1일, 12월 24일의 4일에 불과 하다. 그러므로 다른 날은 24시간을 약간 초과하거나 미달한다. 특히 양력 11월 2일은 16분 21초를 더 초과하고, 2월 11일에는 14분 25초가 부족하다.

주야를 구분하지 않고 연결하여 하루를 12時辰으로 나누는데 1時辰은 2시간이다. 그리고 시진에 지지를 대입하여 표기를 하고 편의상 12시진으로 평균을 내었다. 통상적으로 15분을 1각(刻)이라 하고 매시진을 8각으로 구분하였다.

평균적으로 태양시는 전 지역을 대변하므로 태양이 남중(南中)하는 正午는 엄밀히 말하면 각각의 지역에 따라 다르다. 다만 낮 12시 正刻에 太陽이 南中한다고 가정하여 산출하는 것에 불과한 것이다. 12시진은 다음과 같다.

子時 : 23시 - 1시   丑時 : 1시 - 3시
寅時 : 3시 - 5시   卯時 : 5시 - 7시
辰時 : 7시 - 9시   巳時 : 9시 - 11시
午時 : 11시 - 13시   未時 : 13시 - 15시
申時 : 15시 - 17시   酉時 : 17시 - 19시
戌時 : 19시 - 21시   亥時 : 21시 - 23시

우리나라의 현재 시각은 동경135도를 기준으로 한 것이다. 서울은 126도 58분 46초에 해당한다. 우리나라가 일본과 비교하면 시간상으로 30분이 빠르다고 할 수 있는 것은 이런 이유 때문이다. 다시 말하면 시간적으로는 일본이 한국보다 늦은 것이므로 통상적인 12時辰에서 30분을 감안하여 산정하여야 한다는 것이다.

예를 들어 子時의 시작이 일반적으로 밤11시부터이나 30분을 감안 한다면 밤11시 30분 19초부터 익일(翌日) 1시 30분 18초로 계산하여야 하는 것이다. 이와 마찬가지로 丑時부터 亥時까지 적용하여 본다.

또한 하루를 기준으로 하는 가장 중요한 子時는 子正을 기준으로 이전이면 야자시(夜子時)라 하여 전일로 산정하고 子正을 넘으면 조자시(朝子時)라 하여 익일(翌日)로 계산한다.

또한 사주에서 시간을 계산할 때 참고하여야 할 것이 서머타임의 문제이다. 우리나라는 1948년에서 1961년에 걸쳐 3, 5월부터 9월과, 올림픽 기간에 1시간씩 앞당겨 하절기를 의미있게 이용하기 위하여 서머타임제를 도입시행하였다.

이 기간에 출생한 사람은 시간을 정할 때에 60분을 앞당겨서 계산하여야 한다. 예를 들어 오전 10시에 출생하였다면 오전 9시로 계산하는 것이다.

2. 지구의 공전과 계절의 관련성

지구는 자전과 함께 태양주위를 선회하는 공전을 반복한다. 공전주기를 살펴보면 춘분에서 시작하여 다음연도 춘분까지를 기준하여 365일 5시간 48분 46초가 소요된다. 자전축은 공전궤도면에서 23.5도 경사가 있고 그것으로 인하여 지역마다 주야의 길이가 다르고 기후변화도 다르게 된다. 사계절의 기후변화를 다음과 같이 기준하여 열거할 수 있다.

- 음력 1, 2, 3월은 봄이고, 4, 5, 6월은 여름이며, 7, 8, 9월은 가을이고 10, 11, 12월은 겨울이 된다.
- 입춘은 봄의 시작점이며, 입하는 여름의 시작이고, 입추는 가을의 시작으로 보고 입동은 겨울의 시작이 된다.
- 지구의 공전궤도는 원이 아니고 타원이므로 각 계절마다 운행속도가 다르다. 그러므로 계절별로 날짜수가 서로 다르게 나타나는 것이다.
  - 봄 : 92일 20.2시간   • 여름 : 93일 14.4시간
  - 가을 : 89일 18.7시간   • 겨울 : 89일 0.5시간
  (합계 365일 5.8시간 = 일년 시간의 길이)

3. 24절기

일 년 동안의 계절별 기후변화가 주기적으로 반복된다는 사실을 표기하는 것이 24절기라고 한다. 일년의 12개월은 각월마다 1節과

1氣를 가지고 있다. 그러므로 일년은 12절과 12기로 구성되어 있고 이것을 24절기라고 한다.

24절기는 지구의 공전주기의 기간을 기준하였다고 이해하면 되고 또한 지구가 자전하면서 형성하는 각도로서 이해하여야 하니 시간의 개념은 아닌 것이다.

태양이 남회귀선(南回歸線)을 비출 때를 子正이라하고 이를 동지점이라 하며 적도를 정면으로 비출 때를 卯正 또는 酉正이라 하는데 이것은 춘분점과 추분점이다.

또한 북회귀선(北回歸線)을 정면으로 비출 때를 正午라고 하는데 이것이 하지점이다. 이상으로 네 가지 正點을 기준으로 절기를 나열하면 다음과 같다.

子月 : 大雪에서 冬至를 거쳐 小寒까지
丑月 : 小寒에서 大寒을 거쳐 立春까지
寅月 : 立春에서 雨水를 거쳐 驚蟄까지
卯月 : 驚蟄에서 春分을 거쳐 淸明까지
辰月 : 淸明에서 穀雨를 거쳐 立夏까지
巳月 : 立夏에서 小滿을 거쳐 芒種까지
午月 : 芒種에서 夏至를 거쳐 小暑까지
未月 : 小暑에서 大暑를 거쳐 立秋까지
申月 : 立秋에서 處暑를 거쳐 白露까지
酉月 : 白露에서 秋分을 거쳐 寒露까지
戌月 : 寒露에서 霜降을 거쳐 立冬까지

亥月 : 立冬에서 小雪을 거쳐 大雪까지

4. 월건(月建)

음력의 1개월은 큰달과 작은달로 구분하는데 큰달은 30일로 작은달은 29일로 계산한다. 또한 12개월을 합산하면 1년은 354일이 된다. 양력의 365일보다 열흘이 적은 것이다. 그러므로 3년마다 윤달을 두는데 약19년이 지나면 7개의 윤달이 생긴다. 19년의 양력과 비교하면 2시간 9분 36초가 차이가 발생한다.

이런 연유로 1년을 24절기로 나누고 그것을 매달에 대입하여 계산하였는데 월건이 항상 일치하였던 것은 아니었다.

5. 年 月 日 時

- 年 : 지구가 태양을 중심으로 선회하는 공전의 주기로서 횡적으로는 황도의 일회전이며 종적으로는 남북회귀선의 왕복으로 규정할 수 있다.
- 月 : 차가운 기운과 더운 기운의 변화와 함께 인력의 변화로서 1년을 중심으로 남북회귀선으로 일어나는 태양의 상하운동으로 이해한다.
- 日 : 횡적인 경도상의 변화로 좌, 우에 미치는 힘으로 이해 할 수 있는데 하루의 종시점(終始點)은 子時로 표시하며 하루의 간지 표시는 바로 日의 기운을 표시한 것이다.

- 時 : 경도상의 태양의 직사방위 즉 공간적인 것을 표기한 것이다. 태양의 힘을 각도로서 분류한 것인데 상하좌우의 운동으로 즉 하루에 공전을 하면서 자전하는 것이며 1년에 대한 시간으로 볼 때 간지는 五運六氣가 된다.

Ⅲ. 천간론

天干은 하늘의 氣를 구성하는 10개의 부호를 말한다. 干이라는 것은 줄기(幹)를 의미 하는 말이다.

기원전 중국의 청동기 문화시기에 존재하였던 殷나라에서 천간이 사용된 것이 최초인 것으로 알려져 있다. 당시에 은족(殷族)을 지배하던 통치자의 이름이 모두다 천간을 사용한 것으로서 알 수 있다. 그러나 천간의 기원이라고 하기에는 어려운 점이 있으나 역사의 변천에 따라 인간생활과 밀접함을 더하면서 단순한 날의 계산 기능에서 자연의 순환과 철학적인 의미를 더하는 복잡한 기능의 상징부호로 발전하였다.

『爾雅』「釋天」을 통하여 천간의 고명(古名)을 살펴보면 甲은 알봉(閼逢), 乙은 전몽(旃蒙) , 丙은 유조(柔兆), 丁은 강어(彊圉), 戊는 저옹(著雍), 己는 도유(屠維), 庚은 상장(上章), 辛은 중광(重光), 壬은 원익(元黓), 癸는 소양(昭陽)이라 하였다.

또한『史記』에서도 천간의 의미가 언급되어 있으니 다음과 같다.

1. 『史記』「律書」

甲이라는 것은 만물이 껍질을 뚫고 나오는 것이고, 乙이라는 것
은 만물이 대지위로 삐걱거리며 나오는 것이다. 丙은 陽의 기운이
드러나 밝은 것이니 丙이라 한다. 丁이라고 하는 것은 만물이 장성
한 것이다. 庚은 陰氣가 만물을 바꾸는 것이므로 庚이다. 辛이라는
것은 만물이 매운 것을 낳으므로 辛이다. 壬은 잉태하는 것이다.
陽氣가 아래로부터 만물을 맡아 기르는 것이다. 癸라는 것은 만물
을 헤아린다는 것으로서 癸라고 하는 것이다.

- 註 : 天干의 설명에서 戊己를 제외하고 설명하고 있는데 木火
  金水의 전개과정을 보면 四季의 생장수장(生長收藏)의 변
  화원리를 天氣로서 만물의 성장과 소멸과정을 시간의 흐
  름 속에서 설명한다.

IV. 지지론

地支는 대지의 기운을 상징하는 12가지의 부호를 말한다. 支는
본래 枝로 표기하는데, 가지, 나누어지다, 지탱하다, 가르다의 의
미를 가지고 있다.
하늘의 기운을 대표하는 천간의 대칭적 개념으로 작용 하고 陰을
상징하는 달을 헤아리는 支로서 땅을 의미 한다.

은족(殷族)이 최초로 十二支를 사용하였다고 하며 천문성상(天文星象)을 기준으로 하여 月을 표기하는 방법으로 만들어 사용한 것임을 알 수 있다.

殷代에 이미 60甲子를 사용하여 날짜를 표시하고 曆日을 계산하였던 것이 확인되었다. 三代에 이미 세수(歲首)를 지정하여 사용하였는데 夏는 寅月을 殷은 丑月을 周는 子月을 歲首로 하여 曆法으로 사용하였고 그 중심에 간지가 있었던 것이다.

결론적으로 지지는 만물이 생성하여 소멸하는 과정을 陰陽 기운의 생멸(生滅)로 정리 할 수 있으니, 또한 사시(四時)의 변화과정으로 설명할 수 있을 것이다.

지지의 고명(古名)을 살펴보면 사마천(司馬遷)의 『史記』와 『淮南子』 그리고 『爾雅』에서 발견 할 수 있는데 다음과 같다.

『史記』와 『淮南子』 그리고 『爾雅』에서는 子는 곤돈(困敦), 丑은 적분약(赤奮若), 寅은 섭제격(攝提格), 卯는 단알(單閼), 辰은 집서(執徐), 巳는 대황락(大荒落), 午는 돈장(敦牂), 未는 협흡(協洽), 申은 군탄(涒灘), 酉는 작악(作噩), 戌은 엄무(閹茂, 『史記』에서만 淹茂로 표기함), 亥는 대연헌(大淵獻)으로 표기 하였다.

다음은 十二地支에 대한 고전에서의 다양한 의미를 정리하여 기술한다.

1. 『史記』「律書」

子는 증가하여 번식하는 것이다. 滋는 만물이 아래에서 번식하는 것이다. 丑은 얽히는 것이다. 陽氣가 위로 올라오지 않아 아직 땅위로 올라가지 못하는 것이다. 寅은 만물이 비로소 나와 퍼지지 못한 상태이므로 인이다. 卯라는 것은 무성함이라 한다. 만물이 무성하게 되는 것이다. 辰은 만물이 진동하여 움직이는 것이다. 巳는 양기가 이미 소진한 상태이다. 午는 음양이 서로 교제하는 상태이므로 午라 한 것이다. 未는 만물이 다 성숙하여 맛이 든다는 의미이다. 申은 음이 작용하여 만물을 신장시키므로 申이라 말한 것이다. 酉는 만물이 늙는 것이므로 酉라고 한 것이다. 戌은 만물이 다하여 滅한 것이므로 戌이라 하였다. 亥는 포용하여 갖추는 것이다. 陽氣가 아래에서 감춰짐으로 포용하는 것이다

註 : 만물이 1년 동안 발아하여 성장하고 소멸하는 과정을 陰陽의 이론과 접목하여 十二支의 字意를 설명 하였다.

명리학
기초

제**2**장

명리의 기초

제2장
명리의 기초

Ⅰ. 간지와 음양오행

천간과 지지를 이르러 간지라 하는데 天干은 줄기라는 말을 어원 (語原)으로 하여 하늘의 氣를 상징하는 것으로 열 종류이므로 十天 干이라 하고 지지는 가지라는 의미의 어원으로서 땅의 기를 상징 하는 것이니 열두 종류이며 十二地支라 한다. 간지를 음양과 오행 으로 구분하면 다음과 같다.

1. 간지와 음양

- 天干：甲 乙 丙 丁 戊 己 庚 辛 壬 癸
- 地支：子 丑 寅 卯 辰 巳 午 未 申 酉 戌 亥
- 陽　：甲 丙 戊 庚 壬
- 陰　：乙 丁 己 辛 癸

2. 간지의 성질

1) 천간

甲 : 초목이 대지를 뚫고 싹트는 것을 의미하며 陽이 안에 있고
    陰으로 하여 감싸 안고 있다.

乙 : 초목이 싹터 나와서 가지와 잎이 부드럽고 굴곡이 있다.

丙 : 자루(柄)에 머금은 것이 태양이나 불꽃처럼 빛나는 것을 의
    미하니 확실하게 드러나는 것이다.

丁 : 초목이 완전히 성장하여 건장한 사람의 모습과 같은 것이다.

戊 : 무성(茂)하다는 의미로서 대지위에 초목이 무성한 것을 뜻
    한다.

己 : 일어나고(起) 기록한다는(記) 의미로서 만물이 억눌린 것을
    제치고 일어나므로 형체를 갖춘다.

庚 : 바꾼다(更) 또는 개혁한다는 의미로서 모든 것을 거두어 들
    여 다음을 준비한다.

辛 : 金의 기운은 매우며 사물이 완성된 뒤에야 맛을 가지며 또한
    새롭다는(新) 말과 같으며 가을이 되어 안으로 기운을 모아
    열매를 성숙하게 함이다.

壬 : 아이를 잉태한다는 姙의 의미로서 陽氣는 대지 속으로 숨고
    새로운 생명을 잉태하는 것이다.

癸 : 법도와 헤아린다는 揆의 의미로서 만물이 갇혀있으면서 대지
    아래서 잉태를 하여 이치에 맞게 움을 터가며 준비하여 간다.

2) 지지

子 : 숨어져 있던 것이 길러져 나오는 것이고 종자가 대지속의 수분을 흡수하여 나오는데 一陽이 출발하는 처음을 의미한다.

丑 : 草木이 대지 속에서 움이 터 굽은 상태로 땅위로 나오는 형상을 의미한다.

寅 : 펼쳐진(演)다는 것이고 차가운 땅속에 구부러져 있던 초목이 봄날을 맞이하여 땅위로 꿈틀거리며 나오는 형국이다.

卯 : 무성한 것으로서 해가 비치니 만물이 무성해진다.

辰 : 진동하는 것으로 만물이 떨치고 일어나 성장하니 陽氣가 드러남을 의미한다.

巳 : 일어나는 것을 뜻하고 만물이 활발하게 성장하는 것을 의미하니 陰氣는 소진하고 고갈되었다.

午 : 만물이 풍성하고 장대하니 陽氣가 극도로 왕성하고 陰氣가 비로소 태동한다.

未 : 맛(味)을 상징한다. 과실이 성숙하여 맛이 있음이다.

申 : 몸(身)을 뜻하며 물체가 이미 결정되고 완성함이다.

酉 : 머무르고 노쇠해지는 것으로 수축하고 수렴하는 것을 의미한다.

戌 : 없어지는(滅) 것이니 초목이 시들어 떨어지고 生氣가 없어진다는 의미이다.

亥 : 核의 의미가 있으며 생명의 기틀이 보관이 되어 子水로 이어주는 역활을 하게 된다.

2. 간지와 오행

- 木 : 甲 乙 寅 卯   - 火 : 丙 丁 巳 午
- 土 : 戊 己 辰 戌 丑 未   - 金 : 庚 辛 申 酉
- 水 : 壬 癸 亥 子

Ⅱ. 사주 작성방법

사람은 누구나 生年, 月, 日, 時를 가지고 출생하는데 이것을 사주라고 하며 사주의 글자가 여덟 자이므로 합하여 四柱八字라고 한다. 인간의 운명을 추론하는데 있어서 가장 기본이 되는 사주를 알아야 되는데 여기에서는 바로 사주를 산출하는 방법을 열거하겠다.

1. 년주산출법

年柱를 작성하는 방법은 만세력에서 출생년도의 태세를 陰曆을 기준하여 그대로 적용하는데 주의할 것은 正月生과 12月生에 출생한 사람은 반드시 立春節氣를 확인하여서 작성하여야 한다. 입춘절기 이후에 출생하면 본년으로 작성하고 정월에 태어났다 하더라도 입춘이전에 출생하였으면 前年度의 간지로서 년주로 삼는다. 또한 십이월에 태어난 사람이라도 입춘이전이면 그 해의 가지를 사용하고 입춘 이후에 출생하면 다음해의 간지를 년주로서 사용한다. 이것은 한해의 기준시점이 바로 입춘이기 때문이다.

2. 월주산출법

태어난 해의 月을 작성하는 방법을 月建이라고 하는데 매달 지지
는 고정되어 있지만 달마다의 천간은 고정되어 있지 않고 가변적
이다. 월건은 절기를 기준으로 하여 절기가 드는 날을 입절일이라
하고 절기가 드는 시간을 입절시라 하며 절기가 시작하는 시각은
입절시각이라 한다. 옛날에는 현대의 分이 아니라 刻을 사용하여
시간을 표시하였으니 時刻이라고 하였고 1刻은 현재의 15분에 해
당한다. 月柱는 입절시간을 기준으로 하여 작성하니 입절시간
前이면 前月로서 작성하고 입절시간 이후면 본 달로 작성하는 것
이다. 즉 년도의 첫 달을 年頭法으로 산출하는 방법은 다음과 같다.

生年	1月	2月	3月	4月	5月	6月	7月	8月	9月	10月	11月	12月
甲己	丙寅	丁卯	戊辰	己巳	庚午	辛未	壬申	癸酉	甲戌	乙亥	丙子	丁丑
乙庚	戊寅	己卯	庚辰	辛巳	壬午	癸未	甲申	乙酉	丙戌	丁亥	戊子	己丑
丙辛	庚寅	辛卯	壬辰	癸巳	甲午	乙未	丙申	丁酉	戊戌	己亥	庚子	辛丑
丁壬	壬寅	癸卯	甲辰	乙巳	丙午	丁未	戊申	己酉	庚戌	辛亥	壬子	癸丑
戊癸	甲寅	乙卯	丙辰	丁巳	戊午	己未	庚申	辛酉	壬戌	癸亥	甲子	乙丑

3. 일주산출법

日柱를 작성하는 방법은 만세력에서 출생일의 日辰을 찾아서 그대로 적용하면 된다. 다만 하루의 시작을 子時로 기준하는데 밤 11시부터 익일 01시까지를 이르러 子時라고 한다. 그러나 하루의 기준시간은 밤 12시로 하여 이후에 태어나면 본 날로 정하고 이전에 태어나면 전날로 정하여 작성하는 것이다.

4. 시주산출법

時柱를 작성하는 방법은 먼저 태어난 時를 알면 그것을 時支로 사용하고 時支와 만나는 時干을 찾아야 하니 時干을 찾는 방법은 다음과 같다.

甲己日에 출생한 사람은 甲으로부터 시작하고
乙庚日에 출생한 사람은 丙으로부터 시작하며
丙辛日에 출생한 사람은 戊로부터 시작하며
丁壬日에 출생한 사람은 庚으로부터 시작하며
戊癸日에 출생한 사람은 壬으로부터 시작한다.

5. 대운작성법

四柱를 작성하고 나면 대운을 찾아야 한다. 출생한 년도의 음양을 구분하고 陽인지 아니면 陰인지를 확인하여 남녀에 따라 순행

(順行)하고 역행(逆行)하는 것이다. 그러나 대운의 기준은 月柱가 기준이므로 월주를 알고서 대운을 작성하여야 한다.

　주의할 것은 남자의 사주인 경우에는 年干이 陽이면 순행하고 陰이면 역행하며 여자의 사주인 경우에는 陽이면 역행하고 陰이면 순행하여 大運을 작성하여야 한다. 대운은 사주구조에서 후천운 명의 행운(行運)을 알 수 있는 중요한 것이며 大運數를 산출하는 것은 만세력의 日辰을 참고하여 산정한다.

Ⅲ. 합의 이해

1. 合의 정의

① A라는 성질과 B라는 성질이 서로 만나 의기투합하여 합하는 것으로 이해한다.

　* 合 ⇨ 결합을 의미　化 ⇨ 合의 결과에 의한 변화를 생성한다.

② 合이란 A+B가 같이 합을 하면 合이전상태인 A와 B의 순수성 질을 상실하고 A+B=C와 같이 化의 새로운 성질인 C가 나타 난다.

③ 합은 방향성을 가지고 있으며 합이 종료한 상태에서의 결과물 은 명식구조(命式構造)에 순기능과 역기능의 두 가지 상태로 나타난다.

④ 干合은 化가 되기 위해서는 반드시 지지에 도움을 받아야하며

합과 化의 성립조건이 충족하였는지를 살펴보아야 한다.

⑤ 합을 하고자하는 양자(兩者)가 서로 거리를 두거나 (例: 甲庚己), 2丁 2壬과 같이 중복을 나타내는 경우 또는 2丁壬인 경우는 쟁합(爭合) 및 투합(妬合)으로서 합의 작용을 인정하지 않는다.

⑥ 합을 해소하는 것은 冲의 작용으로 해소할 수 있다.

2. 合의 종류

① 천간의 합

天干의 기준 6位와 합하므로 六合이라고도 칭하며, 서로 상극하는 天干이지만 陰과 陽의 배합인 동시에 남녀간의 합으로 유정(有情)한 것으로 본다.

> 甲己 合 土 : 中正之合 존경, 품위를 의미한다.
> 乙庚 合 金 : 仁義之合 강직, 의리를 의미한다.
> 丙辛 合 水 : 威嚴之合 위엄, 냉정을 의미한다.
> 丁壬 合 木 : 仁壽之合 감정, 질투를 의미한다.
> 戊癸 合 火 : 無情之合 화려, 사치를 의미한다.

- 中正之合 : 자아의식이 강하고 도량이 넓고 남과 다투지 아니하나 간혹 냉정한 기질이 있다.
- 仁義之合 : 성품이 어질고 강직하나 다소 경솔한 면도 있으며

식욕이 왕성하다.

- 威嚴之合 : 간섭을 싫어하고 낭만적이며 풍류를 좋아하는 기질
  이 있으나 다소 시끄럽고 급한 성격에 믿음이 없다.
- 仁壽之合 : 호색가(好色家)기질이 있으며 마음이 정직하지 못
  하고 환경에 따라 주관이 바뀐다.
- 無情之合 : 용모가 단정하고 수려하지만 인정이 부족하며 또한
  냉정하여 표리가 부동하다.

② 지지의 합

뿌리와 뿌리의 결합 또는 이웃하는 친구의 합으로서 丑午 사이의
東方星과 未子의 西方星이 마주보고 횡(橫)으로 결합을 하는 것으
로 생합(生合)(寅亥, 辰酉, 午未)과 克合(子丑, 卯戌, 巳申)으로 구
분할 수 있다.

子丑合化土,　　寅亥合化木,　　卯戌合化火
辰酉合化金,　　巳申合化水,　　午未合化不變

③ 지지의 삼합

㉠ 사정(四正)인 子午卯酉를 중심으로 전후 五位에 해당하는 지
　지와 만나 오행이 변화하여 局을 이루며 또한 三字中 局을 이
　루는 地支(子午卯酉)를 포함하여 2字만 있어도 半合으로 인
　정한다.

ⓛ 종류 :

亥卯未 木局   寅午戌 火局

巳酉丑 金局   申子辰 水局

寅申巳亥 ⇨ 四生地局

子午卯酉 ⇨ 四正(旺)地局

辰戌丑未 ⇨ 四墓地局

④ 방합(方合)

㉠ 방합은 계절 및 방위합(方位合)으로서 節後 3個月의 氣에 결합으로 三字中 二字만 있어도 半方合으로 작용한다.

ⓛ 종류 :

寅卯辰 木局(春節, 東方)   巳午未 火局(夏節, 南方)

申酉戌 金局(秋節, 西方)   亥子丑 水局(冬節, 北方)

Ⅳ. 충의 이해

1. 개념

① A라는 성질과 B라는 성질이 만났을 때 서로 충돌하는 현상으로 이해한다.

* 意味 ⇨ 충돌(衝突), 이탈(離脫), 재출발(再出發), 재가동(再可動), 이동(移動), 공중분해(空中分解).

② 충이 발생하는 관계가 합(六位之合) 다음의 七位에서 나타나므로 合의 궤도에서 이탈하는 순간 발생하는 칠충(七沖)의 의미가 있다.

③ 陽과 陽, 陰과 陰끼리 沖하며 干沖은 힘에 의한 정면충돌로 支沖은 뿌리와 뿌리의 대결구조로 이해한다.

④ 2 : 1충은 (巳巳亥) 즉 투기충(妬忌沖)은 성립하지 않으나 임상의 경험으로는 50%의 작용력을 갖는 것으로 보아야 할 것이다.

⑤ 沖의 작용을 해소하는 것은 合과 刑으로 보아야 하며 沖한 결과는 沖한 당사자간 명식구조의 왕쇠로 판단하여 길흉을 논하여야 한다.

2. 충의 종류

① 천간충

㉠ 방향성을 가지고 발생하는 동시에 반대로 剋의 개념이 발생한다.

㉡ 종류 : 甲庚·乙辛·丙壬·丁癸

(戊土와 己土는 中央에서 조정자의 위치로 보며 沖을 하지 않는다)

② 지지충

㉠ 두 개의 지지가 충돌하는 것을 말한다. 支沖, 沖, 地支相沖이
  라고도 한다.

㉡ 支沖은 沖속에 암장한 지장간의 활용으로 치열한 충의 작용을
  살펴야 한다.

㉢ 종류 : 子午·丑未·寅申
        卯酉·辰戌·巳亥

子午 : 이별과 이해관계에 의한 분쟁 그리고 금전문제로 인한 관
      재구설이 있다.

丑未 : 인간관계의 의리가 없고 배반을 당하며 인생을 비관하고
      질병으로 신음한다.

寅申 : 이성문제가 발생하고 교통사고, 수술에 관련한 일이 일어
      나며 관재가 발생한다.

卯酉 : 가정이 평안하지 못하고 근심이 많으며 수족(手足)이 자
      연스럽지 못하다.

辰戌 : 부부가 서로 반목하고 독수공방과 외로움에 고독함을 느
      낀다.

巳亥 : 신경이 과민하여 사소한 일에도 다툼이 발생하며 작은 일
      로 인하여 근심이 많다.

V. 신살론

신살(神殺)이란 행운과 복록을 가져다주는 길신(吉神)과 복신(福神) 그리고 재난과 불행을 가져다준다는 흉살을 합하여 부르는 것이다.

신살이론은 唐의 李虛中으로부터 출발하며 고대의 점성술을 차용하여 활용된 이론인데 당시에는 운명을 이야기 하는 해석상 보조적 수단으로 사용하였으며 현대에서도 많이 사용하고 있다.

신살론의 용어에서 알 수 있듯이 실제로 점성술과 관련된 용어가 많이 차용되어 있으며 이것으로 보아 신살론은 점성술에서 파생되어 나온 이론이라고 할 수 있다.

그러나 신살에 관한 적용에 있어서는 객관적 논증에 문제가 있는 것이 현실이기에 오늘날에는 과거와 같이 적극적으로 적용하기에는 무리가 있다. 그러므로 사주통변에서 길신의 작용력보다는 액(厄)을 부르는 흉살이 비중이 있다고 판단되나 임상에서는 너무 과도한 적용과 신뢰는 금물이라 생각한다.

1. 흉살(凶殺)

① 형살(刑殺)

㉠ 三刑殺 : 寅 巳 申·丑 戌 未

生月, 日, 時에 적용하여 보며 관재구설, 불화, 수술, 사고와 약물중독 발생 및 염세적 성격이 발현된다.

ⓛ 相刑 : 子 卯

　生月, 日, 時에 적용하여 보며 이성과의 불건전한 교제로 비뇨기질환 발생과 성격이 급하고 사람의 도리를 망각하며 파렴치하다.

ⓔ 自刑 : 辰辰·午午·酉酉·亥亥

　生月, 日, 時에 적용하여 보며 내성적인 성격에 과거지향적이며 감정의 기복이 심하고 스스로 자학하는 형상으로서 미친듯한 행동하여 본다.

② 파살(破殺) : 子午·午卯·申巳·寅亥·辰丑·戌未

　日支를 기준으로 적용하여 결합을 방해하는 역활을 하며 파괴와 분열, 단체나 조직을 해체 시키는 역할과 함께 인간사의 화목을 저해하는 것으로 본다.

③ 해살(害殺) : 子未·丑午·寅巳·卯辰·申亥·酉戌

　日支에 적용하여 보며 단합과 결합을 방해하여 파괴 및 분열을 상징하고 재앙, 근심과 미워하는 마음의 표출로서 의무는 다하지 않고 권리만 주장한다.

④ 귀문관살(鬼門關殺) : 子酉·丑午·寅未·卯申·巳戌

　日支에 一字를 놓고 他支에 자리하면 적용되고 자아의식의 부족과 정신세계의 공허함으로 미친 듯한 행동과 변태적 이성관을 가지고 상식을 초월하는 행동을 한다고 추리한다.

⑤ 원진살(怨嗔殺) : 子未·丑午·寅酉·卯申·辰亥·巳戌

日支에 적용하여 고독함과 타인을 증오하며 부모형제와 이별 또
는 부부간의 불화와 함께 인간관계의 부적응과 실패를 의미한다.

⑥ 탕화살(湯火殺) : 丑 寅 午

生日, 時에 적용하여 보고 불에다가 끓인다는 의미로 유년시절
에 사고로 인한 흉터자국이 생기거나 혹은 화재(火災)나 총탄부상
및 음독한다고 추리한다.

⑦ 괴강살(魁罡殺) : 庚辰·庚戌·壬辰·壬戌

日柱에 적용하여 남자는 만인(萬人)을 제압하는 殺로서 부귀빈
천(富貴貧賤)의 극단작용을 하며 성정이 강건하고 결백하며 총명
하고 지혜가 많다. 여자는 배우자의 비명횡사(非命橫死)를 암시하
고 집안살림에 무책임하여 남편 믿고는 못사는 형편으로 사회활동
으로 가장노릇 하여보며 여성으로서의 매력은 부족하고 남성적 기
질을 타고난다.

⑧ 양인살(陽刃殺)

日刊	甲	乙	丙	丁	戊	己	庚	辛	壬	癸
月日時	卯	辰	午	未	午	未	酉	戌	子	丑

日干기준 月, 日, 時에 적용하며 권력을 상징하는 기상으로 강열
하고 급한 성정을 나타내며 배우자와의 인연이 박약하여 풍파가
많으나 때로는 입신양명하는 경우도 있다.

⑨ 백호살(白虎殺) : 甲辰·戊辰·丙戌·壬戌·丁丑·癸丑·乙未

柱中 어디에나 적용하며 핏빛 재앙을 상징하는 흉살로서 비명횡사를 암시하고 해당되는 육친의 임종을 지키지 못하거나 유언 없는 죽음을 암시한다.

⑩ 천라지망살(天羅地網殺) : 戌亥 / 天羅·辰巳 / 地網

日柱에 적용하여 보며 하늘과 땅이 포위된 형국이니 감금과 구속을 의미하고, 관재구설, 시비, 송사가 발생한다. 또는 戌亥를 天文星이라고 하여 지혜총명하고 활인업에 종사하여 보며 辰巳는 공업성이라 하여 기술공학계에 종사한다.

⑪ 급각살(急脚殺)

月支	봄(1,2,3)	여름(4,5,6)	가을(7,8,9)	겨울(10,11,12)
일·시	亥子	卯未	寅戌	丑辰

月支 기준하여 日時에 적용한다. 급각이면 신경성질환, 척추마비와 수족부상 및 소아마비등의 질환이 있다.

⑫ 단교관살(斷橋關殺)

月支	正月	2월	3월	4월	5월	6월	7월	8월	9월	10월	11월	12월
日支	寅	卯	申	丑	戌	酉	辰	巳	午	未	亥	子

月支 기준하여 日支에 적용하여 보며 작용은 급각살과 비슷한 작용을 한다.

⑬ 낙정관살(落井關殺)

日刊	甲己	乙庚	丙辛	丁壬	戊癸
日時	巳	子	申	戌	卯

　日干 기준하여 日時에 자리하면 작용하고 우물이나 맨홀 등에 빠져보며 남의 모략이나 음해에 걸려 재앙을 당하고 익사나 자살의 경우가 있다.

⑭ 고신과숙살(孤辰·寡宿殺)

年支	寅卯辰	巳午未	申酉戌	亥子丑
孤辰	巳	申	亥	寅
寡宿	丑	辰	未	戌

　年支기준하여 日時에 적용하여 보며 홀애비살 및 과부살이라 칭한다. 남자는 상처(喪妻)하거나 이별하며 여자는 상부(喪夫)하거나 이별로 추리하며 남녀 공히 부부간에 화목하지 않고 독수공방이라 추리한다.

⑮ 부벽살(斧璧殺)

生月	子午卯酉	寅申巳亥	辰戌丑未
日時	巳	酉	丑

　生月에서 日時에 적용하여 보며 매사 하는 일에 애로가 발생하고 재물이 흩어지고 낭비가 심하다.

⑯ 현침살(懸針殺)

甲·辛·卯·午·申·未

生日, 時에 적용하여 보며 형상이 針과 같이 생겼다고 하여 현침살이라고 하며, 이것이 많으면 성격이 예리하고 의약업이나 기술업에 종사하게 되고 혹은 종교계나 도살업에도 종사하여 본다. 탁월한 언변의 소유자로 설득력이 좋으나 자신의 재주를 너무 믿어 낭패를 보는 경우도 있다.

⑰ 효신살(梟神殺)

日柱	甲	乙	丙	丁	戊	己	庚	庚	辛	辛	壬	癸
	子	亥	寅	卯	午	巳	辰	戌	丑	未	申	酉

日柱에 적용하여 보며 모친에 한이 많고 유년에 어머니를 잃고 두 어머니를 모셔보는 상으로 타향객지에서 고독한 생활과 배우자에게 가권(家權)을 주는 것으로 추리한다.

⑱ 음양차착살(陰陽差錯殺)

日柱時柱	丙子	丁丑	戊寅	丙午	丁未	戊申	辛卯	壬辰	癸巳	辛酉	壬戌	癸亥

日柱와 時柱에 적용하고 陽은 양차 陰은 음착이라 하는데 外家와 妻家의 고독으로 부부간 풍파가 많고 혼인에 어려움이 있으며 生日에 있으면 外家가 몰락하거나 고독하며 生時에 있으면 妻家의 슬픔이며 여자의 生時에 있으면 시댁이 고독하고 결혼전에 동거하여 본다.

⑲ 고란살(孤鸞殺)

甲寅·乙巳·丁巳·戊申·辛亥

신음살이라고 하며 여자의 生日로 적용하여 본다. 이 날에 태어
난 여자는 배우자와 생리사별(生離死別)과 독수공방하여 보고 또
는 배우자의 부정행위로 신세한탄한다.

⑳ 삼재살(三災殺)

년(年)	亥卯未	寅午戌	巳酉丑	申子辰
삼재(三災)	巳午未	申酉戌	亥子丑	寅卯辰

三災가 들면 水災, 火災, 風災 및 가산탕진과 질병 등의 재앙이
발생하나 신뢰성을 주기에는 어려운 점이 있다.

㉑ 공망(空亡)

空亡速見表					
空亡	戌亥	申酉	午未	辰巳	寅卯	子丑
	甲子	甲戌	甲申	甲午	甲辰	甲寅
	乙丑	乙亥	乙酉	乙未	乙巳	乙卯
	丙寅	丙子	丙戌	丙申	丙午	丙辰
	丁卯	丁丑	丁亥	丁酉	丁未	丁巳
年支	戊辰	戊寅	戊子	戊戌	戊申	戊午
日支	己巳	己卯	己丑	己亥	己酉	己未
	庚午	庚辰	庚寅	庚子	庚戌	庚申
	辛未	辛巳	辛卯	辛丑	辛亥	辛酉
	壬申	壬午	壬辰	壬寅	壬子	壬戌
	癸酉	癸未	癸巳	癸卯	癸丑	癸亥

10干 12支 중에서 서로 짝을 지어 배합하다 보면 두 개의 地支가 배합하지 못하는 것이 발생하는데 이것을 공망이라고 하고, 공망이 든 지지의 천간까지 육친으로 공망을 인정하며 대운에서는 공망을 적용하지 않는다.

年支와 日支 기준하여 보며 生年이 공망이면 조상과 부친이 흉하고 타향살이 하여보며 生月이 공망이면 형제와 모친이 흉액하고 生時가 공망 이면 처자(妻子)에 근심이 있다고 추정하며 공망이 든 지지의 천간 또한 공망으로 인정하고 육친으로 해석한다.

- 印星이 空亡이면 모친과 불화하고 모친이 장수하지 못하며 문서와 권리를 상실하게 된다.
- 偏財가 공망이면 부친과 인연이 없거나 부친과 일찍 사별한다. 또한 경제적인 고난과 일생동안 직업을 자주 바꾼다.
- 正財가 공망이면 부인과 화목하지 못하고 별거하거나 이혼하여 본다. 日支 正財 공망이면 일찍 상처하거나 배우자가 질병으로 신음하여 본다.
- 正官이 공망이면 여자는 남편과 불화하고 별거 또는 이혼하여 본다. 또한 학업에 좌절이 있고 관직을 얻더라도 오래 가지 못한다.
- 食神이 공망이면 수명이 길지 못하고 요절한다. 여자는 자녀를 양육하기가 어렵고 유산하거나 자녀가 요절한다.
- 傷官이 공망이면 딸과 불화하고 혹은 양자를 둔다. 여자는 혼인에 파란이 있고 아들과 불화하거나 아들이 귀하다.

- 比肩이 공망이면 형제와 이별하고 동기간이 귀하다.
- 劫財가 공망이면 남매가 이별하거나 남매가 요절한다.
- 年柱가 공망이면 조부모중 한분이 요절한 것으로 판단한다.
- 月柱가 공망이면 부모중의 한분이 일찍 죽으며 月柱에 편재가
  있으면 부친이, 정인(正印)이 있으면 어머니가 요절한 것으로
  추리한다.
- 日柱공망이면 배우자 또는 본인 중 한사람이 요절한다.
- 時柱공망이면 자녀중 한명은 본인보다 먼저 죽는다.

2. 12神殺

神殺 生年	劫殺	災殺	天殺	地殺	年殺	月殺	亡神	將星	반안	驛馬	六害	화盖
申子辰	巳	午	未	申	酉	戌	亥	子	丑	寅	卯	辰
亥卯未	申	酉	戌	亥	子	丑	寅	卯	辰	巳	午	未
寅午戌	亥	子	丑	寅	卯	辰	巳	午	未	申	酉	戌
巳酉丑	寅	卯	辰	巳	午	未	申	酉	戌	亥	子	丑

겁살 : 겁탈의 의미로서 뜻하지 않은 재물의 손해, 도난, 이별 등
      을 상징한다.
재살 : 감옥에 갇혀본다는 수옥살(囚獄殺)로서 납치, 감금, 구속,
      송사 등의 관재구설을 상징한다.
천살 : 뜻하지 않는 천재지변(旱災, 水災, 火山, 落雷 等)을 당하
      여 본다는 것이다.

지살 : 땅을 밟고 다닌다는 것으로 역마와 작용력은 비슷하나 역
      마보다는 미약하고 타도타국(他道他國) 출입하고 변동,
      이사의 작용으로 이해한다.

년살 : 도화(桃花)라 하여 풍류와 호색(好色)을 의미하고 용모가
      수려하며 인정이 많고 사교적인 기질에 재주가 많은 것으
      로 이해한다.

日支桃花 : 年 기준으로 日支에 적용하여 이성과의 구설 및 부적
      절한 관계유지, 배우자의 부정으로 이해한다.

月令桃花 : 年 기준으로 月에 적용하여 두 어머니 모셔보고 이복
      형제와 모친에 한이 서리고 부부금슬이 좋지 않다.

時支桃花 : 年 기준으로 時에 적용하여 유흥업소 종사하여보고
      향락을 의미하며 여자는 年下의 남편과 혼인으로 남
      자는 나이어린 여자와의 혼인으로 추리한다.

울타리桃花 : 日을 기준으로 月에 적용하며 성장환경이 아름답
      지 못하고 이성과의 부적절한 관계(유부남/유부
      녀)로 설정한다.

祖上桃花 : 日을 기준으로 하여 年支에 적용하며 어린나이에 이
      성에 대한 관심이 많고 年上의 여인과의 교제와 여자
      는 노총각 신랑과 혼사가 있다.

合刑 桃花 : 天干에 合이 들고 地支에 刑을 놓으면 해당되고 이성
      구설에 밤을 세우는 형국이니 풍류를 좋아하고 난잡
      한 생활로 여자의 가슴에 한을 주며 여자는 천한 화
      류계에 종사 하여 본다.

월 살 : 一名 고초살(枯草殺)이라 하여 고갈을 의미하는 것으로 매사에 하는 일마다 성사됨이 없이 이루지를 못하니 허망하다 할 것이다.

망신살 : 인격손상에 명예훼손으로서 속성속패와 패가망신한다.

장성살 : 장군성이라 하며 권위와 명예가 드날리는 것으로 주관이 뚜렷하고 독립심이 강한 성정을 나타낸다.

반 안 : 말안장이라 하여 입신양명으로 명예를 얻고 경제적 기반을 다지는 것으로 표현한다.

역 마 : 달리는 말을 상징하며 지살보다는 작용력이 강하다. 또한 타향객지생활, 해외출입, 변동과 함께 항상 일신상의 분주함을 상징한다.

육 해 : 일신상의 질병과 오랜 병의 재발 및 생활의 불건전으로 인한 피로의 가중으로 본다.

화 개 : 총명하고 용모가 수려하며 학업에 재능이 풍부하고 마음이 반듯하여 성인군자의 기질로 표현할 수 있으며 대학자 및 의학계나 종교계에 종사한다.

12神殺은 임상실례에 있어서 적중률이 현저히 감소하나 년살(年殺), 화개(華盖) 및 역마(驛馬)는 적용하여 보면 적중률이 있다고 생각되며 그 외에는 참고함이 마땅하다고 생각하니 깊은 신뢰는 금물이다.

3. 吉神

① 건록(建綠)

天干	甲	乙	丙	戊	丁	己	庚	申	壬	癸
四支	寅	卯	巳	巳	午	午	申	酉	亥	子

日干을 기준으로 年月日時에 적용하고 사주에 建綠이 있으면 건강하고 식록이 풍성하며 의지력이 강하고 경제적 기반이 튼튼하다.

② 암록(暗綠)

日干	甲	乙	丙	丁	戊	己
暗綠	亥	戌	申	未	申	未

日干을 기준으로 하여 암록이 사주에 있으면 보이지 않는 귀인의 도움과 신명의 도움이 있고 의지력과 추진력이 강하다.

③ 천을귀인(天乙貴人)

日干	甲	乙	丙	丁	戊	己	庚	辛	壬	癸
天乙貴人	丑未	子申	亥酉	亥酉	丑未	子申	丑未	寅午	巳卯	巳卯

日干을 기준으로 年月日時에 적용하며 사주에 천을귀인이 있으면 인덕이 있고 귀인의 도움을 받으며 구사일생의 천운을 타고 난다.

④ 천월덕귀인(天月德貴人)

生月 貴人	寅	卯	辰	巳	午	未	申	酉	戌	亥	子	丑
天德貴人	丁	申	壬	辛	亥	甲	癸	寅	丙	乙	巳	庚
月德貴人	丙	甲	壬	庚	丙	甲	壬	庚	丙	甲	壬	庚

生月을 기준으로 적용하여 보는데 조상의 유덕(遺德)이 있고 천우신조의 혜택을 받아 재앙이 소멸되며 일생동안 큰 재난을 겪지 않는다.

⑤ 금여(金輿)

日干	甲	乙	丙	丁	戊	己	庚	辛	壬	癸
金輿	辰	巳	未	申	未	申	戌	亥	丑	寅

日干을 기준으로 하여 年月日時를 대조하여 적용하는데 용모단정하고 성정이 온화하며 재치와 총명을 겸비하여 인덕이 있고 좋은 배우자를 만난다.

⑥ 문창학당(文昌學堂)

日干	甲	乙	丙	丁	戊	己	庚	辛	壬	癸
文昌	巳	午	申	酉	申	酉	亥	子	寅	卯
學堂	亥	午	寅	酉	寅	酉	巳	子	申	卯

日干을 기준으로 하여 四支를 비교 적용하는데 문창학당, 문창귀인, 학당귀인이라 하며 사주에 있으면 문필이 화려하며 학식이 풍부하고 시험운이 있다.

⑦ 복성귀인(福星貴人)

日干	甲	乙	丙	丁	戊	己	庚	辛	壬	癸
福星貴人	寅	午	子	午	申	未	午	巳	辰	午

日干을 기준으로 하여 四支에 대조하여 사주에 있으면 행운과 복록이 따르며 매사가 순조롭게 진행된다.

⑧ 육수(六秀)

日柱	戊	己	丙	丁	戊	己
六秀	子	丑	午	未	午	未

日柱에만 적용하며 사주에 육수가 있으면 매우 똑똑하고 자부심이 강하다. 그러나 이기적이고 너무 지혜가 충만하여 자가당착에 빠지며 자기주관이 뚜렷하여 인간관계에 애로가 발생한다.

VI. 12운성의 이해

日干	甲	乙	丙	丁	戊	己	庚	辛	壬	癸
장생(長生)	亥	午	寅	酉	寅	酉	巳	子	申	卯
목욕(沐浴)	子	巳	卯	申	卯	申	午	亥	酉	寅
관대(冠帶)	丑	辰	辰	未	辰	未	未	戌	戌	丑
건록(建祿)	寅	卯	巳	午	巳	午	申	酉	亥	子
제왕(帝王)	卯	寅	午	巳	午	巳	酉	申	子	亥
쇠(衰)	辰	丑	未	辰	未	辰	戌	未	丑	戌

병(病)	巳	子	申	卯	申	卯	亥	午	寅	酉
사(死)	午	亥	酉	寅	酉	寅	子	巳	卯	申
묘(墓)	未	戌	戌	丑	戌	丑	丑	辰	辰	未
절(絶)	申	酉	亥	子	亥	子	寅	卯	巳	午
태(胎)	酉	申	子	亥	子	亥	卯	寅	午	巳
양(養)	戌	未	丑	戌	丑	戌	辰	丑	未	辰

1. 十二運星

12운성이란 포태법이라고 하며 최근에 생긴 이름이다. 만물의 변천과정을 설명하였는데 천간이 지지를 만났을 때 그 계절기운의 왕쇠를 구분하여 놓았고 그중에서도 특히 장생, 제왕, 절의 에너지에 득실을 잘 숙지하여야 할 것이며 사주의 주체인 사람이 출생하여 사망시까지 12단계로 규정하여 놓았고 이것은 명리학의 중심이론중에 하나로서 오행의 왕상휴수를 12단계로 나누어 천간을 마치 인간의 일생에 비유하여 에너지의 영고성쇠(榮枯盛衰)를 인생의 생로병사에 대입하여 파악한 특징이 있으며 12운성에 관한 사항은 간략히 정의하면 다음과 같다.

① 長生
싹이 나온 시점으로 사람이 세상에 태어나는 것에 비유된다. 생명의 탄생이므로 기쁨과 희망찬 성장을 상징하는 길성(吉星)이다.

② 沐浴

태어나서 목욕한다는 뜻으로 맨몸이 된다. 실패 혹은 색정으로 인한 파탄의 의미가 있고 에너지는 미약하다.

③ 冠帶

冠을 쓰고 띠를 매고 성인이 되는 때이다. 사회에 진출하려는 운기이므로 사주가 좋을 경우에는 자연히 開運한다.

④ 建祿

식신을 얻고 벼슬을 하며 활동하는 시기이다. 인생 최고의 운으로 사업을 성공시키는 운이다. 사주가 좋으면 부귀하는 형상이다.

⑤ 帝王

왕성한 기력으로 사회생활을 한다는 강한 운기로 인생을 성공으로 이끄는 기운은 있으나 성대하면 곧 쇠(衰)하는 것으로도 이해한다.

⑥ 衰

제왕의 왕성한 기력이 쇠퇴한 시기로 쇠운의 징후를 나타내는 운기이다.

⑦ 病

몸이 쇠약해져 질병에 걸리는 운기로 활동성이 약하다.

⑧ 死

운기가 소멸하여 정지된 상태로 활동성이 없다. 사주가 좋지 않을 경우 일생동안 불행을 면치 못한다.

⑨ 墓

안정되고 움직임이 없으며 보수(保守)를 나타내는 운기로서 사주가 좋은 경우에는 부귀하나 나쁜 경우에는 불행한 일이 많다.

⑩ 絶

에너지가 끊어지는 상태이다. 그러나 陰이 極에 달하면 陽으로 변할 수 있으므로 예상외의 전기를 맞을 수도 있다.

⑪ 胎

모태에 깃들어 태동하는 운기로 움직이는 기미가 있지만 운세는 아직 미약하고 정신적인 혼란이 있다.

⑫ 養

모태 내에서 자라나서 싹을 틀 준비를 하는 운기로서 胎의 경우와 거의 같다.

2. 12운성의 응용

① 長生

- 장생은 총명, 온화, 명랑, 장수, 계승, 발전을 의미한다.
- 年支에 있으면 조상과 부모가 장수하고 부귀한 가문에서 출생하였다.
- 日支에 있으면 배우자가 현명하고 장수하며 가정이 화평하다.

- 時支에 있으면 자녀와 부하가 훌륭하고 노후가 안락하다.

② 沐浴

- 목욕은 호색, 경솔, 천박, 불안정, 예술을 의미한다.
- 年支에 있으면 부모와 동거하기가 힘들고 상처(喪妻)하며 나이를 먹을수록 경제난에 시달린다.
- 月支에 있으면 중년에 부모가 죽거나 부부가 이별하고 생활이 궁핍하다.
- 日支에 있으면 빈곤한 가정에서 출생하고 재물복이 없으며 색정에 탐닉하여 병마로 요절한다. 또한 여자는 배우자에게 불만으로 인하여 이혼하거나 간통하여 본다.
- 時支에 있으면 말년에 곤경에 처하고 자식으로 인하여 신음하여 보며 여자는 고집불통이다.

③ 冠帶

- 관대는 고집, 충돌, 상승, 중년이후의 발전을 의미한다.
- 年支에 있으면 노후에 행복하지만 부부의 인연이 바뀔 가능성이 있다.
- 月支에 있으면 중년에 출세한다.
- 日支에 있으면 인격이 훌륭하고 사회적으로 명망을 얻어 지위가 높고 타인의 존경을 받는다.
- 時支에 있으면 자식이 효도하나 지나친 욕심을 부려 패가망신한다.

④ 建祿

  - 건록은 활달함, 진취적, 온화, 선량, 자수성가, 화목, 실천력을
    의미한다.
  - 年支에 있으면 노년에 입신양명한다.
  - 月支에 있으면 중년에 출세한다.
  - 日支에 있으면 신망이 두텁고 사회적으로 이름을 성취하고
    자녀가 효도한다.

⑤ 帝王

  - 제왕은 횡폭, 절정, 독립, 명예, 권력, 쇠퇴, 낭비, 이별을 의미
    한다.
  - 年支에 있으면 명문가의 출생이며 조상이 국가유공자로 추리
    한다.
  - 月支에 있으면 남에게 지기 싫어하고 직장생활이 어렵다.
  - 日支에 있으면 자신감이 없고 포부가 크고 진취적 기상이 있다.
  - 時支에 있으면 자녀가 성공하여 가문의 명예를 드높인다.
  - 여자는 배우자를 이기려고 하여 부부불화하고 배우자가 아니
    면 본인이 허약하다.

⑥ 衰

  - 쇠는 신중, 보수적, 쇠퇴, 시기심, 학자, 종교인을 의미한다.
  - 年支에 있으면 쇠퇴한 가정 출생이고 노년이 곤궁하고 가족
    을 앞세워 하늘을 원망한다.
  - 月支에 있으면 중년이전에는 순탄하다가 중년이 넘으면 쇠퇴

한다.

- 日支에 있으면 성격이 온순하고 여자는 현모양처이며 가정이 원만하다 할 수 있으나 내성적인 성격을 가지므로 사교적이지 못하다.
- 時支에 있으면 한 가지 출중한 재능으로 출세한다.

⑦ 病

- 병은 신경질, 결벽증, 질병, 오락, 우유부단을 의미한다.
- 年支에 있으면 윗사람 때문에 항상 불안하며 질병으로 고생한다.
- 月支에 있으면 중년운이 쇠퇴하고 질병으로 고생하며 우환이 끊이지 않는다.
- 日支에 있으면 어려서 병약하다가 청년기에 건강을 회복하며 두뇌가 명석하나 신경질적이며 인내력이 부족하다.
- 時支에 있으면 재혼할 수 있으며 자녀문제로 고민하여 본다.

⑧ 死

- 사는 쇠퇴, 학예(學藝), 기술, 죽음, 신용, 부부인연 없음을 의미한다.
- 年支에 있으면 부모, 자녀와 인연이 없다.
- 月支에 있으면 형제자매간에 분쟁이 있고 형제의 도움을 받지 못한다.
- 日支에 있으면 어려서 병약하고 생기가 없고 부모가 일찍 죽는다.

- 時支에 있으면 자녀와의 인연이 없고 불효하고 양자를 두기
도 한다.

⑨ 墓
- 묘는 욕심, 세심, 저축, 계획, 고독, 종교심, 이별을 의미한다.
- 年支에 있으면 장남이 아닐지라도 가업을 계승하고 상속받아
본다.
- 月支에 있으면 부모와 이별하고 타인을 위하여 예상하지 않
는 지출이 많다.
- 日支에 있으면 부모형제와 인연이 없고, 생가를 떠나 타향에
서 성공한다.
- 時支에 있으면 어려서 몸이 허약하고 자녀 때문에 걱정은 끊
이지 않으나 재물복은 많다.

⑩ 絶
- 절은 소심, 걱정, 변동, 단절, 색정, 호색을 의미한다.
- 年支에 있으면 어려서 부모 곁을 떠나 독립해서 인생을 경영
한다.
- 月支에 있으면 사회생활에 적응하지 못하여 항상 불만이 많
고 걱정이 끊이지 않는다.
- 日支에 있으면 가족과 불화하고 호색하여 배우자와의 갈등으
로 이혼하여 본다.
- 時支에 있으면 아들을 두기 어렵고 자식을 두더라도 자식덕
이 없다. 여자는 조급하고 경솔하며 배우자를 극한다.

⑪ 胎

- 태는 의존성, 불안, 평화, 권태, 유년질병, 임신, 주사(酒邪), 수다, 쇠퇴를 의미한다.
- 年支에 있으면 부모와 인연이 없어 자수성가한다. 가정이 복잡하며 노후에 자식이 불효하여 주거지가 불안정하다.
- 月支에 있으면 중년에 직업전환을 하여보고 권태감으로 직장을 자주 바꾸어 본다.
- 日支에 있으면 몸이 건강하지 못하고 배우자와 이혼하여 본다.
- 時支에 있으면 자녀가 가업을 이어받아 도산을 하거나 헤어져 산다. 또한 수다스럽고 감정의 기복이 심하다.

⑫ 養

- 양은 인내력, 노고, 양자, 화합, 친가와의 인연부족을 의미한다.
- 年支에 있으면 부친이 양자이거나 본인이 양자로 가며 년상의 여자와 연애를 한다.
- 月支에 있으면 중년이후에 호색으로 패가망신하며 모자간에 분쟁이 심하다.
- 日支에 있으면 어려서 유모에게서 양육당하며 호색하고 재혼한다.
- 여자는 배우자를 극하거나 남편의 하는 사업이 안 된다.
- 時支에 있으면 말년에 자녀가 효도하여 근심이 없다.

VII. 지장간(地臟干)의 이해

구분	子	丑	寅	卯	辰	巳	午	未	申	酉	戌	亥
餘氣	壬 10	癸 9	戊 7	甲 10	乙 9	戊 7	丙 9	丁 9	戊 7	庚 10	辛 9	戊 7
中氣		辛 3	丙 7		癸 3	庚 7	己 10	乙 3	壬 7		丁 3	甲 7
正氣	癸 20	己 18	甲 16	乙 20	戊 18	丙 16	丁 11	己 18	庚 16	辛 20	戊 18	壬 16

　지장간이란 낙녹자삼명부주에서 서자평이 三元의 說을 주장하고 年柱 뿐만 아니라 사주전체를 확대해석하면서 부각되었는데 地支에 天干 계절의 기운이 전후로 일정한 기간만큼 작용하고 있다고 보는 이론이다.

　다시 말해 12地支 속에 감추어진 天干을 지장간이라고 하는데 지장간은 月令의 진행과 관계가 있으므로 달이 운행하면서 각궁(各宮)을 지난 前月과 本月 사이의 氣의 순서상의 관계를 말한다. 지장간 중에 子卯酉는 2개이고 나머지는 세 개의 天干을 지니고 있고 절후(節侯)의 氣 변화에 따라 여기, 중기, 본기(정기)라고 한다.

　같은 기운일지라도 여기와 중기는 그달의 본기인 정기보다는 약하다고 할 것이며 인간이 출생할 때 月令 지장간에서 出生時 기운을 판단할 수 있으니, 그것을 사령신이라고 하여 해당 기운에 따라 여기, 중기, 정기생으로 구분할 수 있는데 어느 기운을 받고 출생하였는가를 정하여 명식에 왕쇠를 비교할 수 있는 것이다.

그러므로 日柱와의 관계에서 지장간의 왕쇠를 추론하여 명식에 있어서 용신을 정하는 기본으로 활용되는 인간생명의 존재론적 구조라 할 것이다.

또한 위에 열거한 지장간은 한달 30일을 기준으로 그 기운의 지배구조를 살펴보아야 할 것이니, 예를 들어 寅은 지장간속에 戊土와 丙火 甲木이 존재하는데 이것은 또한 무토는 30일중에 7일간을 주관하고 병화는 7일간 주관하며 갑목이 16일간 주관하는 것으로 이해한다.

◎ 사령신(司令神)의 산출법

사주에서 日干을 기준으로 月令의 오행에 숨겨진 지장간 중에서 출생시의 기운을 산출하는 것으로서 사령신이라 표현한다.

산출하는 방법은 출생월과 출생일을 참조하여 출생월에 절입후 (節入後) 몇 일만에 출생하였는가를 계산하여 사령신(餘氣, 中氣, 正氣)으로 산출한다.

제**3**장

육친론

제3장
육친론(六親論)

    육친이란 자신, 배우자, 자녀, 부모, 형제를 의미하며 육신 또는 십신이라고 부른다. 육친은 음양오행의 생극관계를 인간관계로 환원하여 보았는데 사주의 일간을 기준으로 사주내의 천간과 지지를 대조하여 그 결과에 의하여 발생하는 운명적 작용을 표시한 것이다. 부모형제, 처자는 물론 친인척과 관록 및 재물까지 포함하고 있어 사주 통변시에 중요한 자료라 할 수 있다.

    중국 송나라의 서승이 체계를 세웠으며 사주내에 내재된 일상적인 개념을 음양오행의 원리와 접목시켜 가족문제, 재물문제 및 사회적 관계를 유추해보는 방법으로 도입된 이론으로서 음양오행설의 상생상극이론을 중심으로 인간의 문제를 유추해석해 보는 하나의 방법론이다.

Ⅰ. 육친 산출방법

    ① 比肩 : 일간과 오행이 같고 음양이 같은 것

② 劫財 : 일간과 오행이 같고 음양이 다른 것

③ 食神 : 日干이 生을 하여 주고 음양이 같은 것

④ 傷官 : 日干이 生을 하여 주고 음양이 다른 것

⑤ 偏財 : 日干이 剋하는 것으로 음양이 같은 것

⑥ 正財 : 日干이 剋하는 것으로 음양이 다른 것

⑦ 偏官 : 日干을 剋하는 것으로 음양이 같은 것

⑧ 正官 : 日干을 剋하는 것으로 음양이 다른 것

⑨ 偏印 : 日干을 生하여 주고 음양이 같은 것

⑩ 正印 : 日干을 生하여 주고 음양이 다른 것

Ⅱ. 육친일람표

일간 육친	甲	乙	丙	丁	戊	己	庚	辛	壬	癸
比肩	甲寅	乙卯	丙巳	丁午	戊辰戌	己丑未	庚申	辛酉	壬亥	癸子
劫財	乙卯	甲寅	丁午	丙巳	己丑未	戊辰戌	辛酉	庚申	癸子	壬亥
食神	丙巳	丁午	戊辰戌	己丑未	庚申	辛酉	壬亥	癸子	甲寅	乙卯
傷官	丁午	丙巳	己丑未	戊辰戌	辛酉	庚申	癸子	壬亥	乙卯	甲寅
偏財	戊辰戌	己丑未	庚申	辛酉	壬亥	癸子	甲寅	乙卯	丙巳	丁午
正財	己丑未	戊辰戌	辛酉	庚申	癸子	壬亥	乙卯	甲寅	丁午	丙巳
偏官	庚申	辛酉	壬亥	癸子	甲寅	乙卯	丙巳	丁午	戊辰戌	己丑未
正官	辛酉	庚申	癸子	壬亥	乙卯	甲寅	丁午	丙巳	己丑未	戊辰戌
偏印	壬亥	癸子	甲寅	乙卯	丙巳	丁午	戊辰戌	己丑未	庚申	辛酉
正印	癸子	壬亥	乙卯	甲寅	丁午	丙巳	己丑未	戊辰戌	辛酉	庚申

육친의 산출은 일간과 다른 쪽의 干 및 支에 대조하여 결정하나 지지의 암장된 正氣의 음양과 오행의 생극제화작용으로 육친을 정하므로 지지 중에 子水는 본시 陽에 속하나 암장된 正氣가 癸水이므로 陰으로 표현하며 亥水는 본래 陰이지만 암장정기는 壬水이므로 陽水로 육친을 정하고 巳火는 본래 陰이지만 암장정기가 丙火이므로 陽으로 정하고 午火는 본래 陽이지만 암장정기는 丁火이므로 陰으로 사용한다.

Ⅲ. 육친의 생극(生剋)작용

比劫 : 日干인 比劫은 印星의 도움을 받고 食傷을 생하여 주며 官殺의 극을 받으며 財를 극한다

食傷 : 日干 즉 比劫의 도움을 받고 財를 도와주며 印星의 剋을 받고 官煞을 극한다.

財星 : 食傷의 도움을 받고 官煞을 生하여 주고 比劫의 克을 받으며 印星을 극한다.

官煞 : 財星의 도움을 받고 印星을 生하여 주며 食傷의 克을 받고 日干을 극한다.

印星 : 官煞의 도움을 받고 日干 比劫을 생하여 주고 財星의 剋을 받고 食傷을 극한다

IV. 육친의 상징

1. 男子

比肩	형제자매, 친구, 처남의 아들, 여식의 시어머니
劫財	형제자매, 친구, 이복형제, 며느리, 여식의 시어머니, 아버지, 고조모, 처남의 딸
食神	증조부, 장인, 장모, 사위, 손자, 할머니, 생질, 생질녀
傷官	할머니, 손녀, 생질(누님의 아들), 생질녀(누님의 딸), 외조부, 외숙모, 딸의 시동기
偏財	아버지, 백부, 첩 처남, 고손자, 형수, 제수, 외사촌, 여형제의 시모
正財	처, 고모, 숙부, 형수, 제수, 여형제의 시모, 고손녀, 처형, 처제, 처남
偏官	아들, 고조부, 외조모, 딸의 시부, 질(조카), 질녀(조카딸), 질부(조카며느리)
正官	딸, 증조모, 질, 질녀
偏印	편모, 조부, 외숙, 숙모 외손자, 며느리의 생모, 계모, 유모
正印	생모, 이모, 외손녀, 증손녀, 고손녀, 며느리의 편모, 처남의 처, 장인

2. 女子

比肩	남녀형제, 시부, 시숙, 시고모, 시백부, 동서간
劫財	남녀형제, 시부, 시숙, 시고모, 시백부, 아들의 장인, 남편의 첩, 동기간
食神	아들, 딸, 손자의 첩, 증조부, 편조모, 사위의 아버지, 시누이의 남편
傷官	아들, 딸, 외손부, 조모, 시누이의 남편
偏財	아버지, 백부, 외손자, 증손자, 시모, 시외숙, 오빠의 첩
正財	편시모, 오빠의 처첩, 백부, 시이모, 외손녀, 숙부, 숙모, 시조부, 증손녀
偏官	편부, 시형, 시누이, 아들의 첩, 자부의 오빠, 증조모
正官	남편, 시동생, 시누이, 며느리, 자부의 여형제, 사위의 모친
偏印	편모, 손자, 조부, 사위, 시오조부(시모의 부), 시조모, 사위의 형제
正印	생모, 손녀, 대고모, 종조부, 사위의 여동생

V. 육친의 활용

1. 比肩

비견은 어깨를 나란히 한다는 의미이니 가정으로는 형제이며 사회적으로는 친구가 된다. 나와 뜻을 같이하는 동조자가 되니 세력을 모으기를 좋아하고 협동심이 부족하며 자만심과 독단적 기질이 강하여 타인의 비방을 초래하여 외골수가 많으므로 사교적이지 못하나 왕성한 활동력(驛馬殺)을 보여준다.

경제적으로는 형제로서 재물을 같이 분배하는 성질이 되어 재물이 흩어지는 경향이 있고 재성을 보면 재물싸움이 되며 신약(身弱)하면 나에게 힘이 된다.
비견이 많으면 배우자와 아버지에 인연이 부족하며 남자의 日支는 배우자의 자리이므로 일지비견이면(干如支同)妻가 나와 동등함을 주장하니 매사 대립하고 나를 대리하여 매사 家權 쥐어본다.
여자의 命에 비견이 많으면 남편의 배우자가 많은 형국이니 나는 형식상의 배우자로서 안방을 타인에게 내어주는 형국이다.

- 비견의 응용
- 비견이 공망이면 남자는 아버지와 배우자와의 인연이 희박하고 여자는 남편과 자식을 극하며 동기간에 화목하지 못하다.
- 비견이 겁재와 같이 있으면 형제와 부부간에 구설이 많고 인간

관계로 인하여 손재(損財)가 발생하며 년주에 있으면 부친과
인연이 없고 만혼(晩婚)하여 본다.

- 년상(年上)에 비견이 있으면 손윗형과 누이가 있거나 양자의
  인연이 있다.
- 시상(時上)에 비견이 있으면 양자가 상속하고 계승하며 비견이
  양인과 같이 있으면 아버지가 흉사 한다.
- 월주의 비견이 공망이면 형제가 무기력하다.
- 비견이 12운성의 死, 墓, 沐浴과 같이 있으면 형제를 사고로 잃
  어버리며 혹은 타향살이 한다.
- 여자가 비견이 많으면 이성구설로 인하여 가정이 불화하고 배
  우자와 해로하기 힘들다.
- 여자가 비견이 겁재와 같이 있으면 부부간에 반목하게 되고 비
  견 겁재가 왕성하면 독신인생 된다.
- 여자가 비견이 강하고 관성이 약하면 부부간에 풍파가 많다.
- 여자가 비견이 많으면 질투와 투쟁적이며 일주가 강성한데 비
  견이 많고 인수가 있으며 관성이 없으면 자녀를 두기가 어렵다.

2. 劫財

겁재는 이복형제, 남편의 첩을 의미하여 탈재지신(奪財之神)으
로 陽日干이 陰을 만나면 뜻하지 않은 산재(散財)와 처와의 문제가
발생하고 陰日干이 陽을 만나면 탐욕이 생겨 사기에 의한 손재를
당하여 본다. 비견과 겁재가 혼잡 내지는 태왕(太旺)하면 동부이복

(同父異腹)의 형제 아니면 이부동복(異父同腹)의 형제가 있어 보고 동기간이나 타인과의 동업으로 사업실패의 암시가 발생한다.

겁재는 풍류지심이 있고 자존심이 강하고 타인을 무시하는 경향과 고집이 세나 분위기에 잘 동화되는 기분파의 경향을 가지고 있으며 또한 사리분별의 논리적인 경향도 있다. 활동성이 매우 왕성한(大驛馬殺) 것으로 본다.

- 겁재의 응용
- 겁재가 많으면 남자와 여자 모두 배우자를 극하고 구설이 많다.
- 겁재가 사주에 같이 있으면 조실부모하고 부부이별하며 동업으로 인하여 파산한다.
- 겁재가 제왕과 같이 있으면 빛 좋은 개살구니 가정이 적막하고 부부불화하며 부귀가 오래 가지 않는다.
- 겁재가 상관과 같이 있으면 교만하고 풍행이 단정하지 못하다.
- 겁재가 상관이나 양인과 같이 있으면 관재구설로 명예에 손상을 당한다.
- 년월에 겁재가 있으면 장남이 아닌 차남 출생이다.
- 일시에 겁재가 있고 상관이 있으면 반듯이 자손을 가슴에 묻는다.
- 겁재와 양인이 많으면 아버지와의 인연이 부족하고 상처하며 재산을 모으기가 어렵다.

3. 食神

식신은 남자에 장인, 장모, 조카 및 손자를 의미하고 여자는 자식과 손자를 의미한다. 식신은 의복과 식량을 뜻하는 것으로 재성을 생하여 주므로 양명(養命)의 근원이라 할 것이다. 또한 식신을 수성(壽星)이라 하는데 나를 극하는 칠살을 제압하고 견제하여 수명을 보조하여 주기 때문이다.

의식주가 풍부하고 소득과 재산이 윤택하며 신체가 풍성하고 미적 감각과 성질이 명랑하여 복록이 많으나, 식신은 또한 오밀조밀하고 꼼꼼하여 소극적이므로 대범한 일이나 큰일의 경영내지는 결단력이 부족한 면이 있으며 식상은 또한 자궁·유방·생식기및 입으로 분류할 수 있으므로 풍류에 민감하여 놀기를 좋아하니(小驛馬殺) 색정과 가무를 조심하여야 하니 생각 없는 말로서 타인을 불편하게 하는 경향이 있다 할 것이다.

- 식신의 응용
- 식신은 자녀를 상징하므로 자식 욕심이 많고 탐미적이고 가무를 즐거워하며 미식가이다.
- 식신이 많으면 가난하고 허약하며 부모덕이 없다.
- 식신이 많고 편관이 적으면 몸이 허약하고 자식을 두기 어렵고 둔다 해도 자식이 불효한다.
- 년간에 식신이 있고 재성이 있으면 부모의 복록이 무궁하고 조

상의 음덕으로 사업이 번창한다.

- 월간에 식신이 있고 시간에 관성이 있으면 관직에 등용하여 출세한다.
- 일지에 식신이 있으면 배우자가 통통하고 마음이 너그러우며 지혜롭고 총명하며 재물복이 두텁다.
- 식신이 있고 편인이 없으면 평생 실물수는 없다.
- 식신과 편인이 같이 있으면 가난하고 신역이 고되니 매사가 되는 일이 없다.
- 식신이 유기하면 재물과 명예가 많아 행복한 인생이다.
- 식신이 비견과 같이 있으면 재물 때문에 양자를 가며 인간관계가 원만하다.

4. 傷官

상관은 조모 또는 외조부를 상징하며 여명(女命)의 자식이다. 상관은 본래 벼슬에 상처내기를 좋아함인데 두뇌회전에 빠르고 교만하여 남을 우습게 여기나 내심은 예술적 기질과 인정이 많으며 형식과 규정을 무시하는 경향이 있으므로 법과 질서를 우습게 알아 따지기를 좋아하고 항상 불만이 많아 송사(訟事)와 시비가 다반사(茶飯事)이다.

여명(女命)에 상관운은 배우자를 극하는 운세이나 관(官)의 향방을 잘 살펴야 하며 식상은 일주의 기를 설기(泄氣)하는 것이므로 일주가 강한 때에는 의사표현이 강하고 혁명적 기질에 만중생을 계도

하고 자신을 버려 사회적 공익을 위하여 헌신하는 경향도 있다.

- 상관의 응용
- 정관이 없고 상관이 많으면 관골(官骨)이 높고 눈썹이 거칠며 눈빛이 예리하고 가무(歌舞)를 즐긴다.
- 상관이 많으면 단명하고 중첩하면 재앙을 당한다.
- 사주에 상관이 많으면 종교, 예술가로 출세한다.
- 상관이 겁재를 보면 정략결혼하며 무뢰한이다.
- 상관이 있고 관성(官星)이 없는데 관운이 오면 안과질환으로 고생하여 보며 교통사고 당한다.
- 일지에 상관이 있고 시지에 재성(財星)이 있으면 소년출세 한다.
- 시에 상관이 있으면 자식이 완고하고 미련하며 가업을 계승하기가 어렵다.
- 상관이 관성을 보거나 관살이 混雜하면 好色하여 異性口舌을 겪어본다.
- 상관이 편인과 같이 있으면 남편과 자식을 극한다.
- 여자가 상관이 강하고 재성이 없으면 재혼(再婚)하며 또한 자식과 남편에 근심이 있다.

5. 正財

정재는 내가 규제하고 관리하는 것으로 표현되니 본처(本妻)를 의미하고 내가 노력하여 얻은 획득물로서 정당한 권리를 주장할 수 있는 재화로서 유산·월급·현찰 등 고정재물에 속하므로 티끌모아 태산인 형국이다.

　정재는 책임감이 강하고 근면, 성실하며 정의와 공론을 존중하며 시비가 분명하니 공익적인 기질이 다분하고 수완은 부족하나 검소하고 저축심이 많다.

　사주에 따라 배우자의 덕이 좋으나 신약(身弱)하고 재성이 많으면 그 처에 의사표시를 못 하는 공처가 기질이며 년 월에 재가 있으면 부유한 가정에 태어나 유산상속 하여 본다.

- 정재의 응용
- 월지에 정재가 있으면 인품이 단정하고 독실하며 신망이 두텁고 조직생활에 적합하다.
- 정재가 묘(墓)와 같이 있으면 지독한 수전노이다.
- 재다신약(財多身弱)하면 학문을 이루기 어렵고 배우자에게 잡혀 산다.
- 년주에 정재가 있으면 조부가 부귀한 사람이고 년월에 정재가 있으면 명문가 출생이며 가업을 상속한다.
- 월간에 정재가 있으면 검소한 절약가이다.
- 일 시에 정재 정관이 함께하면 독립심이 강하고 자수성가 한다.
- 월지에 정재가 있으면 결혼후 처가가 부호이다.
- 관성은 나타나고 재성이 저장되면 관직이 높다.
- 정재가 식신을 보면 분명히 처덕(妻德)이 있다.
- 비견이 삼합이면 처가 변심 또는 극처(剋妻)한다.

- 재성과 비견이 같이 있으면 배우자가 허약하다.
- 정재가 많고 인수가 사(死)와 같이 있으면 유년기에 모친이 상신(傷身)하여 본다.
- 재다신약한 사주가 재관운(財官運)으로 흐르면 산재(散財)가 빈번하다.

6. 偏財

편재는 내가 규제하고 관리하는 것으로 처첩·재물·금은보화 및 부채(負債)를 의미한다. 내가 노력하고 개척한 획득물이나 편재를 투기·밀수·도박·이면거래·고리대금등 유동재물로서 정당한 것이 아닌 편법에 의한 획득물로서 치부하나 산재(散財)도 속히 일어나는 경향이 있다.

편재의 성정은 변덕이 심하며 결백하고 꾸밈이 없으며, 이해관계에 대단히 민감하여 이재(理財)에 밝으며 대인관계에 있어서도 유, 불리를 계산하는 경향이 있다.

금전출입이 빈번하여 자금 동원력이 뛰어나고 의로운 일에는 돈을 아끼지 아니하고 재복과 여자복이 많으나 이것이 오히려 화근이 되어 풍류로 인한 패가망신이 두렵고 타향객지에서 성공하는 경향이 있다.

- 편재의 응용
- 편재가 많으면 다욕다정(多慾多情)하여 가사를 돌보지 않고 외

정(外情)으로 배우자의 원망을 듣는다.

- 년주에 편재가 있으면 양자 인연 있다.
- 년간에 편재가 비견과 같이 있으면 부친이 객사한다.
- 년월에 재성이 없고 일시에 재성이 있는 동시에 아름다우면 자수성가 한다.
- 시상에 편재가 있으면 가난한 집안 출생이다.
- 편재가 노출되면 첩을 좋아하니 가정이 불안하다.
- 식신이 편재를 생하면 첩이 반드시 본처를 능가한다.
- 편재가 장생과 같이 있으면 부자가 화목하고 아버지의 유산을 받으며 부자 모두 장수한다.
- 편재가 목욕과 같이 있으면 아버지가 풍류를 즐기고 남의 집에 양자로 가거나 객지로 나간다.
- 편재가 공망 이면 부덕이 허망하거나 일찍 아버지를 여의며 부자가 서로 이별한다.
- 편재가 형충(刑冲) 되면 아버지가 다치고 유산(遺産)이 있어도 지키지를 못한다.
- 시상에 편재가 하나이고 힘이 있으면 부귀겸전 한다.

7. 正官

관은 국민의 삶을 위하여 규칙을 정하는 것처럼 법과 질서를 의미한다. 품행이 단정하고 용모수려하며 신용과 책임감이 분명하고 이타적이고 공익을 분명히 하는 선비적 기질에 순리적인 성정의 소유자이다. 그러나 너무나 고지식하고 원리원칙을 좋아하기 때문에 잔정이 부족하니 생활이 무미건조(無味乾燥)하다.

또한 관은 자식을 의미하므로 나를 규제하는 성정으로 정당한 규제로 볼 것이며 정관은 후계자인 자식 또는 충고라 할 것이다. 정관이 년에 있으면 선조(先祖)의 후계를 계승하니 장자생(長子生)이며 선조의 유업(遺業)이 있게 되는 것이며, 월에 있으면 부모와 형제 자리이니 형제가 후계가 되는 것이며, 부모와 멀리 떨어져 살거나 봉사(奉祀)를 하지 않아 그 동생이 선조봉사(先祖奉祀)와 부모 공양하여 본다.

- 정관의 응용
- 일지에 건록이 있고 비견 겁재가 있으면 관성이 많아도 해로울 것은 없다.
- 관성이 많으면 완고하고 자존심이 강하며 독선적이다.
- 관성이 양인(陽刃)을 만나면 만사가 지체된다.
- 월이나 시에 관성이 있는데 다시 관성을 만나면 의외의 재난을 당한다.
- 관성이 세운(歲運)에서 간합(干合) 되면 실직하고 세운과 충(冲)이 되면 관재송사 있어 본다.
- 관성이 년상에 있으면 가업을 이어받고 명문가의 자손이다.
- 월지에 정관이 있고 힘이 있으면 평생 가난하지 않다.
- 월주에 정관이 있고 인수가 있으면 부귀하고 직업운이 왕성하다.
- 시주에 관성이 있으면 자녀가 현명하고 출세하여 만년에 자식

덕을 본다.

- 관성이 식신과 같이 있으면 신용이 두텁고 만인의 존경을 받는다.
- 관성이 상관과 같이 있으면 상속권을 읽고 타인으로 인하여 손해를 보며 모략을 당한다.
- 관성이 편인과 같이 있으면 모사에 능하나 실패가 많으며 상공업에도 풍파가 많고 실패한다.

8. 偏官

편관은 칠살이라고 하는데 관은 충고라 한다면, 살은 증오심으로 나를 억제하는 심성이 있다. 권력지향적이고 자존심이 강하며 성격이 급하고 완강함과 동시에 투쟁적이며 의협심이 있고 사람을 가리니 고독한 품성도 가지고 있으며 간혹 권력에 의지하여 타인에 비난을 사는 경향도 있다. 편관은 또한 청개구리처럼 삐딱한 성질도 있어 자기 마음 가는 것이 옳다고 생각되면 끝까지 굳히지 않는 명암이 분명한 심성이 있다.

- 편관의 응용
- 칠살이 약하고 재성 또한 약하면 평생 직업을 가지고 고민한다.
- 칠살과 편인이 강하면 타향객지를 떠돌아 다닌다.
- 편관이 년월에 있고 식신이 일시에 있으면 자식운이 부족하다.
- 제살태과(制殺太過)한 사주는 천하문장 이라도 출세하지 못한다.

- 신강하고 살강(殺强)하면 비범한 인물로서 출세한다.
- 신약한 사주가 살이 많으면 요절하거나 가난하다.
- 년월에 칠살이 있고 살이 많으면 관살운에 사고를 당한다.
- 시상에 칠살이 있고 월간에서 제살하면 시상일귀(時上一貴)라 해서 권세를 누리고 귀한 자식을 낳는다.
- 칠살이 많고 겁재가 많으면 부친이 객사한다.
- 여자가 칠살이 정관과 같이 있고 또한 비겁이 있으면 자매간에 사랑 다툼 있다.
- 여자가 칠살이 많고 재성이 있으면 내연남과 비밀연애 한다.
- 여자가 정편관이 혼잡하면 어린나이에 실정(失貞)한다.
- 여자가 칠살이 장생과 같이 하면 남편복이 있다.
- 여자 사주가 칠살과 목욕이 함께 하면 음란으로 요절하거나 화류계로 진출한다.
- 여자 사주가 칠살이 다섯이면 창부의 팔자이다.
- 년월에 관살이 혼잡 되면 인품이 천박하다.
- 관살이 혼잡되고 비겁이 많을 경우 인수가 있고 식신이 없으면 문장에 능통하고 식신이 있고 인수가 없으면 무과에 등극한다.

9. 正印

정인은 인감도장이고 문서이며 나의 어머니인 동시에 나의 근원인 고향이다.

정인은 지혜, 학문 및 총명등의 특성이 있으며 정적인 기질과 민음이 확고하고 인정과 덕이 있으나 자기주장이 강하여 멋대로 결정하는 경향도 있고 과거 지향적이면서 복고적·탐미적 기질과 함께 관념적 성향으로 인한 현실동화감이 뒤 떨어진다.

만약 나를 규제하여주는 관이 없이 도와주는 정인만 왕하면 밥 먹고 유흥에만 빠지는 격으로 기예(技藝)에 흐르게 되어 예술가로 나가게 된다.

- 정인의 응용
- 인성이 왕하고 신강한 사주는 술을 좋아하고 고독하며 가난하다.
- 신왕한데 인성이 많으면 가난하고 고독하며 종교계에 귀의한다.
- 정인이 많은데 재운이 중하면 비관자살하여 본다.
- 인성을 파(破)하면 어린나이에 어머니와 사별한다.
- 신왕하고 인성이 많으면 재운에서 발복한다.
- 신약하고 인성 또한 약한데 재운을 만나면 직업전환 하여 본다.
- 인성이 과다하면 배우자와 사이가 좋지 않고 자식이 어리석거나 불효한다.
- 정인이 여럿이면 두어머니 모셔보거나 유모가 있거나 외가에서 살아간다.
- 정인이 형충(刑冲)되면 심란하고 상신(傷身)한다.
- 정인에 관성이 없으면 청렴하나 미관말직에 그친다.
- 년간에 정인이 있으면 명문가 출생이다.

- 년간에 인성이 있고 월간에 겁재가 있으면 타 형제에게 상속권을 강탈당한다.
- 월주에 정인이 있고 재성이 없으면 문장가로 이름을 떨친다.
- 시지에 정인이 있으면 지략이 뛰어나고 식록이 풍부하다.
- 정인과 겁재와 같이 있으면 사업은 번창하나 형제간에 불화한다.

10. 偏印

편인은 계모 및 유모를 상징하고 막도장이며 문서·영업용·주택·대지의 뜻을 가지고 있고 매사에 인내심과 지속성이 부족하며 시작은 거창하나 결말이 부족하고 매사 말이 앞서는 경향이 있다.

편인은 치우친 학문·교육·수양이 되는 것으로 장기적인 발전은 부족하고 일시적 명리(名利)에 집착하게 된다.

인성은 종교성으로 유명 종교인이 많으며 외국어에 소질 있어 보며 편인, 정인 혼잡이면 두 어머니 모셔보고 정인과 재성이 암합(暗合)하면 그 모친이 자신의 부친과 비밀연애로 입가(入家)한 형상이므로 모친이 사연 있는 결혼하여 보거나 소실 입가한 형상이다.

편인은 식신을 타도하므로 사주에 편인과 식신이 병립했거나 운에 편인이 오면 인장으로 인한 문서·증서에 관련된 보증사고가 빈번하여 재산을 탕진한다.

- 편인의 응용
- 편인은 몸에 흉터자국이 있고 피부가 좋지 않으며 편업(偏業)에 종사하고 종교계에서 공명을 떨친다.
- 편인은 용두사미격으로 권태를 잘 느끼고 인내력이 부족하다.
- 편인은 도량이 넓고 변화가 무쌍하며 성품이 온순하고 내면적인 경향과 소극적인 기질을 타고 난다.
- 편인이 많으면 식록이 박하고 양자로 입양하는 경우 또는 남의 집에서 성장한다.
- 신약하면 편인을 얻어도 장수하기 힘들며 편인이 중하면 재난이 다반사다.
- 인수와 편인이 혼잡하면 반드시 두 가지 직업을 가진다.
- 신약하고 편인이 많으면 노고가 심하고 신역이 고되다.
- 신약하고 효신이면 평생 고생하여 본다.
- 효신살이 많으면 불우한 가정에서 출생한다.
- 여자가 도식이 있거나 효신이 많으면 무자식이거나 자식과의 인연이 없다.
- 여자가 효신이 많으면 유산 또는 산액(産厄)을 겪어 보고 배우자를 극한다.
- 여자가 효신과 상관을 같이 보면 자식과 남편을 극한다.
- 년간에 편인이 있으면 계모에 의해서 양육되는 경우가 많다.
- 월지 편인은 전문직업인 편업에 종사하는 경우가 많다.

제**4**장

용신론

제4장
용신론

I. 용신의 개요

인간의 운명을 이야기 할 때 길흉을 판단하는 방법으로 가장 중요한 것 중에 하나가 바로 용신(用神)이라고 할 수 있다. 연해자평(淵海子平)에서 서승(徐升)이 거론한 이후로 유행하였는데 모든 사람의 사주는 태생적으로 구조적인 모순으로부터 출발한다면 그 모순으로부터의 해결방안이 용신이라고 할 수 있을 것이다.

출생의 결정이 선천이라면 태어나는 순간부터 죽음까지의 과정 즉 후천의 삶은 운(運)에서 결정되는데 그 운의 길흉여부를 판단하는 근거가 용신이라고 할 수 있는 것이다. 사주에서 日干을 중심으로 부족하기에 가장 필요로 하는 干支 또는 육친이 바로 용신인 것이다. 예를 들어 日柱의 氣가 부족하면 도와 주는 정인과 비겁이 용신이 되며, 또한 日柱의 氣가 너무 충만하면 기를 설기하여주는 식상, 재, 관살 등이 용신이라고 할 수 있다. 이러한 용신산출방법을 억부법이라고 하는데 용신을 찾는 방법은 사주구조에 따라 여러 가지로 응용하여 용신을 규명하여야 하기 때문에 초보자뿐만 아니라 전문가들도 헤아리기가 쉽지 않은 것이 사실이다.

그러나 용신을 이해하지 않고는 명리의 참다운 의미를 알 수 없기에 용신을 이해하기 전에 선결되어야 할 조건이 있으니 그것은 사주에 존재하는 日干을 중심으로 生月과의 계절적 요인에서 발생하는 왕쇠에 대한 이해라 할 것이다.

Ⅱ. 왕상휴수사법

日柱	甲乙	丙丁	戊己	庚辛	壬癸
春	旺	相	死	囚	休
夏	休	旺	相	死	囚
秋	死	囚	休	旺	相
冬	相	死	囚	休	旺
四季	囚	休	旺	相	死

왕상휴수사(旺相休囚死)는 음양오행설에서 파생된 이론이다. 만물의 변천과정을 5단계로 설정하여 설명하는데 계절의 왕쇠(旺衰)를 기준으로 하여 오행과의 상관관계를 두고 오행이 기운을 얻었을 때를 旺相 이라 하고 잃는 것을 休囚라 한다.

고전적으로 王字를 쓴 오행왕휴설(五行王休說)에서 漢代의 경방(京房)이 휴왕설(休旺說)로 발전시키고 이 설이 분화하기 시작하면서 역학에 쓰이는 오행십이생사학설로 발전하였고 12위설,

12단계설이라 부르기도 하는데 후대에 와서 포태법(胞胎法) 내지는 12운성설로 정착된 이론이다.

1) 旺 = 나(日干)와 같은 오행은 旺이다.

　예) 木日干이 月支가 木일때 / 火日干이 月支가 火일때 旺이다.

2) 相 = 나를 生해주는 오행은 相이다.

　예) 木이 水를 보고 / 火가 木을 / 土가 火를 보면 相이다.

3) 休 = 내가 生해주는 오행은 休이다.

　예) 목이 화를 보고 / 화가 토를 / 토가 금은 보면 休가 된다.

4) 囚 = 내가 극하는 오행은 囚가 된다.

　예) 木이 土를 보면 / 火가 金을 보면 / 土가 水를 보면 囚가 된다.

5) 死 = 나를 극하는 오행은 死가 된다.

　예) 木이 金을 보면 / 火가 水를 / 土가 木을 보면 死가 된다.

◎ 왕상휴수사 이론의 강약 :

相·旺 / 得(强·旺)　　休·囚·死 / 失(衰·弱)

木은 寅卯 亥子月에 旺하고 他月에는 弱하다. 寅卯月은 봄이며 祿旺地로써 年中 木氣가 제일 왕성하고 亥月은 木의 長生地며 小春으로써 木의 도움이 크니 子月도 水旺하여 生木하지만 겨울의 냉한기로써 敗浴地이니 木을 살리는 힘이 약하다.

火는 巳午 寅卯月에 旺하고 他月은 弱하다. 巳午月은 火旺節인

여름이며 祿旺地로 年中 火氣가 가장 왕성하며 寅卯月도 火를 도와 주는 月로 火가 좋으나 寅月은 아직 찬 기운이 남아 있다.

土는 辰巳午未戌丑 月이 旺하고 他月은 弱하다. 辰戌丑未月은 土旺月로 土氣가 아주 강하고 巳午月은 土를 도와주니 土氣 또한 강한 세력을 얻는다. 다만 丑月은 혹한기임을 알아야 한다.

金은 申酉 辰戌丑未 月에 旺하고 他月은 약하다. 7~8月은 가을 이니 金의 기운이 왕성하고 四季月도 生金하니 金이 기운을 얻게 되는 것이다. 그러나 巳月은 金의 長生地로 약하지 않으며 未月은 土旺하기는 하지만 여름이고 열토(熱土)이기 때문에 사주에 물이 없고 火가 강하면 生金하지 못한다. 水는 亥子 申酉月에 旺하고 他月은 弱하다. 亥子月은 水의 祿旺地로써 왕성하고 申酉月은 生水하여 水를 도와주고 있다. 水는 土에 극상되지만 丑月은 三冬水 旺節로 丑中 癸水, 辛金으로 水가 절대 약하지 않으며 辰月도 水의 庫로써 水가 마르지 않는다.

이상과 같이 日干과 生月을 대조하여 日柱의 强, 弱을 판단하는 것으로서 旺·相은 日柱가 강하여 지는 것이고 休·囚·死는 日柱가 약하여 지는 것으로 구분하는데 月令은 바로 氣의 강약구분에 있어서 핵심이라고 할 수 있다.

Ⅲ. 용신에 관련한 용어의 정의

(1) 得 : 일주 기준하여 비견,겁재 또는 정인을 얻었을 때를 말함
  으로 旺相의 상태를 이른다.

(2) 失 : 일주 기준하여 식상, 재 또는 관살을 만났음이니 休, 囚,
  死되었을 때를 이른다.

(3) 得令·失令 : 월지를 월령(月令)이라고 하는데 월(月)에서 기
  운을 얻으면 득령(得令)이라 하고 잃으면 실령(失
  令)이라고 한다.

(4) 得地·失地 : 일지(日支)를 가리키며 일지에서 얻으면 득지(通
  根)라 하고 잃으면 실지라고 한다.

(5) 得勢·失勢 : 사주 전체를 가리키는 것이니 일간 기준하여 비
  견, 겁재나 정인을 3字 이상 얻으면 득세라 하고
  그렇지 못하면 실세라 한다.

(6) 用神 : 사주에 있어서 길흉을 주관하는 일주의 보호신 또는
  중화신(中和神)을 가르친다.

(7) 忌神 : 병신(病神)이라고도 하며 용신을 파극하는 神을 말
  한다.

(8) 喜神 : 용신을 도와주는 신을 말한다.

(9) 藥神 : 기신을 제압하여 주는 신을 말한다.

(10) 閑神 : 사주에서 작용하지 않는 신으로 희신도 기신도 아닌
  것을 말한다.

IV. 용신판단의 이해

용신을 정하는 것에 대하여 우선적으로 알아야 할 것이 일주의 강약에 대한 이해가 선결되어야 한다. 사주에서 일주 즉 일간은 그 명식의 주인공이다. 따라서 일주가 명식에서 좋고 나쁨의 상황에 따라서 사주 주인공의 명운(命運)에 좋고 나쁨이 발생한다.

일주의 판단근거는 월령(月令)을 중심으로 나머지 7字의 생극제화(生剋制化)의 실상에 의하여 일주의 왕쇠가 결정된다. 일주의 왕쇠를 판단하는 일이 간명(看命)의 첫째라 할 것이다. 그러므로 일주가 힘이 왕하면 신강(身强)이라 하고, 약하면 신약(身弱)이라고 한다.

일주의 왕쇠를 구분해야 하는 이유는 사주에 일간의 세력이 어느 정도 인가를 알아야 나머지 글자와의 조화 내지는 부조화를 알 수 있는 것이니 그럼으로써 일간이 가장 좋아하는 것이 무엇인지를 파악하여야 명운을 측량할 수 있는 것이다.

1. 일간 중심의 강약

사주에서 일간 기준으로 1) 月支 2) 日支 3) 時支 4) 年支의 순으로 힘의 강약을 나누어서 생각하여 볼 수 있다. 또 한 가지는 월령(月令)중심으로 1) 투출한 천간 2) 지지 3) 지장간 4) 뿌리가 없는 천간 순으로 강약을 살펴 볼 수 있다.

먼저 일주 중심으로 강약을 논 하는 데에 있어서는 세 가지 원칙이 존재하는데 첫째는 득령의 여부, 둘째는 득지(通根)의 여부, 셋째는 득세의 여부라 한다.

득령이란 일간이 월의 氣를 얻었다는 것이므로 일간을 왕성하게 하는 밑거름이며, 득지란 일간과 일지와의 관계에 있어서 힘을 얻었을 경우를 말함이며 得勢란 사주에서 월령이외의 6자에서 일주를 생조하는 신이 많은 경우를 말하는 것으로서 대체적으로 세 개 이상인 것으로 말 할 수 있다.

결론적으로 일간중심으로 강약을 구분하는 순서는 1) 일간 기준으로 월령에 대조하여 득·실령을 계산하며 2) 일간기준으로 일지와 대조하여 득지·실지를 계산하고 3) 일간기준으로 사주 전체의 세력을 대조하여 득세, 실세 여부를 판단하면 되는 것이다.

이것에 대한 결과의 값에 따라 사주 명식이 신약(身弱)한지 강한지를 알 수 있으니 그리하여 일주의 강약을 기준으로 a) 최강의 명 b) 중강의 명 c) 小强의 명 d) 중약(中弱)의 명 e) 최약(最弱)의 명으로 구분 할 수 있는 것이니 일주중심으로 왕쇠를 판단하여 용신을 정하여 강한 사주이면 설기하는 것이 용신(食傷·財·官煞)이 되고 약한 사주이면 생조 해주는 것이 용신(印綬·肩劫)이 되는 것이다.

2. 용신판단 순서 및 고려사항

사주의 강약을 판단하여 용신이 결정되면 사주에서 용신을 판단할 때에는 다음과 같다.

a) 천간에서 결정한다.

b) 지지에서 결정한다.

c) 지장간에서 결정한다.

d) 없는 오행은 용신으로 정하지 못한다.

　이상의 순서로 용신을 정하여야 할 것이며 또한 寅申巳亥에서는 암장(暗藏)으로도 용신을 정 할 수 있으나 辰戌丑未는 암장으로 용신을 정할 수 없고 그 자체로 용신을 정한다.

e) 冲을 당하였거나 극상의 오행은 용신을 정하지 못하나 월령이거나 합의 구함이 있으면 용신으로 정할 수 있다.

3. 용신의 사용처

① 용신은 사주의 후천운로의 길흉성패를 주관한다.

② 용신은 수요장단(壽夭長短)의 생사시기를 결정한다.

③ 용신은 격국의 부귀빈천의 고저를 측정할 수 있다.

④ 용신은 가정적인 운보다 사회적 유불리(有, 不利)를 판단하는 데 사용할 수 있다.

V. 용신선정의 원리

1. 억부(抑扶)

억부는 淸代의 진소암이 제기한 학설로 사주에서 일주가 약할 시에는 도와주는 자가 용신이고, 반대로 도와주는 자가 많을 때에는 그 도와주는 자를 억제하는 자가 용신이며, 그 억제함이 미흡할 시는 그 미흡한 억제자를 돕는 자가 용신이 된다는 것이다.

2. 병약(病藥)

병약은 明代의 장남(張楠)의 논리로서 병이란 "八字에서 害를 끼치는 神이고, 藥이란 害를 끼치는 病을 제거하는 神이다"라고 규정하면서 두 가지를 구분하였는데 첫째는 일주의 강약과 관계되는 병약이고, 둘째는 용신에 관련된 병약이다.

전자(前者)는 억부의 원리와 동일 하고 후자(後者)는 다음과 같이 설명할 수 있다.

사주 원국에서 필요로 하는 용신이 있는데 다른 신이 용신을 극제(剋制) 하거나 沖合하면 이것을 용신의 病이라 하고, 이것을 극제 하거나 충합하는 신을 곧 약이라 칭하는 것이다.

① 병(病)

- 일주의 病 : 사주에서 다수를 점유한 것이 병이다.
- 용신의 病 : 사주에서 용신을 극하는 것을 의미한다.
- 행운의 病 : 대운에서 용신을 극해하는 것을 의미한다.

② 약(藥)

- 일주의 藥 : 사주에서의 다수를 점유하는 것을 극제 하여 주는 것을 의미한다.
- 용신의 藥 : 사주에서의 용신을 극하는 것을 극제 하는 것을 의미한다.
- 행운의 藥 : 일주 및 용신의 병을 극제 하는 대운을 가리킨다.

3. 조후(調候)

만물의 氣가 한난조습(寒暖燥濕)의 기에 의하여 구성된다면 그 계절의 순환의 조화에 의한 인간 사주는 당연히 부조화함으로서 사주에서 계절의 조화 여부로서 용신을 삼는 것이 조후 용신이라 하겠다. 예를 들어 여름의 기로서 득명(得命)한자는 겨울의 기가 필요하다고 인정하듯이 사주에서 계절적 요인에서 발생하는 기의 순환구조서 중화의 원리를 적용하여 보는 것이다. 자세한 것은 궁통보감의 공부를 진행하여 볼 것이며 이곳에서는 계절의 요인에 의한 조후용신에 대한 도표를 기재하여 본다.

① **調** : 조화 ,조절을 의미한다.

② **候** : 기후, 계절을 의미한다.

③ **調候** : 한난조습의 기를 조화, 조절하는 것이다.

④ **調節** : 冷寒은 溫暖/ 溫暖은 冷寒 / 燥熱은 潤濕 / 潤濕은 燥熱

⑤ 조후의 조절은 단 사주 구조상 종기(從氣)에 의미가 있는 현상에서는 예외로 한다.

⑥ **조후용신표**

일간	생월	寅	卯	辰	巳	午	未	申	酉	戌	亥	子	丑
甲	조후용신	丙	庚	庚	癸	癸	癸	庚	庚	庚	庚	丁	丁
	보좌	癸	戊丙己丁	壬丁	庚丁	庚丁	庚丁	壬丁	丙丁	壬庚癸丁	戊庚丙	丙庚	丙丁
乙	조후용신	丙	丙	癸	癸	癸	癸	丙	癸	癸	丙	丙	丙
	보좌	癸	癸	戊丙		丙	丙	己癸	丁丙	辛	戊		
丙	조후용신	壬	壬	壬	壬	壬	壬	壬	壬	甲	甲	壬	壬
	보좌	庚	己	甲	癸庚	庚	庚	戊	癸	壬	庚戊壬	己戊	甲
丁	조후용신	甲	庚	甲	甲	壬	甲	甲	甲	甲	甲	甲	甲
	보좌	庚	甲	庚	庚	癸庚	壬庚	丙戊庚	丙戊庚	戊庚	庚	庚	庚
戊	조후용신	丙	丙	甲	甲	壬	癸	丙	丙	甲	甲	丙	丙
	보좌	癸甲	癸甲	癸丙	癸丙	丙甲	丙甲	癸甲	癸	癸丙	丙	甲	甲

己	조후 용신	丙	甲	丙	癸	癸	癸	丙	丙	甲	丙	丙	丙
	보좌	甲庚	癸丙	癸甲	丙	丙	丙	癸	癸	癸丙	戊甲	戊甲	戊甲
庚	조후 용신	戊	丁	甲	壬	壬	丁	丁	丁	甲	丁	丁	丙
	보좌	甲丁丙壬	甲丙庚	丁壬癸	戊丙丁	癸	甲	甲	丙甲	壬	丙	丙甲	丁甲
辛	조후 용신	己	壬	壬	壬	壬	壬	壬	壬	壬	壬	丙	丙
	보좌	壬庚	甲	甲	癸甲	癸己	庚甲	戊甲	甲	甲	丙	戊甲壬	壬戊己
壬	조후 용신	庚	戊	庚	壬	癸	辛	戊	甲	甲	戊	戊	丙
	보좌	戊庚	辛庚	庚	庚辛癸	辛庚	甲	丁	庚	丙	丙庚	丙	丁甲
癸	조후 용신	辛	庚	丙	辛	庚	庚	丁	辛	辛	庚	丙	丙
	보좌	丙	辛	辛甲		壬辛癸	壬癸辛		丙	壬癸甲	辛戊丁	辛	丁

4. 통관(通關)

　사주 구조에서 양자(兩者)의 세력이 서로 강·약이 비슷하여 우열을 가리기 힘들 때에는 두 세력 간에서 오행의 상생원리에 의하여 그 세력을 서로 소통시키는 것을 용신으로 정하는 것을 말한다. 두 세력이 서로 상극 할 때에는 예를 들어 오행상 金과 木이 서로 극할 때에는 水로서 소통을 하고, 수와 토가 상극 할 때에는 금으로 소통을 하며, 목과 토가 극할 때에는 화로서 소통을 하여야 하니 이러한 방법을 통관이라고 하는 것이다.

그러나 사주에서 용신을 구하고자 할 때에는 대다수가 억부나 병약 또는 전왕법에 의하는 것이 대부분이며 조후나 통관용법은 드물게 나타나는 것이 현실이라 할 것이다.

5. 전왕(專旺)

사주에서 어느 한 가지 오행으로 세력을 형성하여 감히 그 세력을 제압할 수 없는 상태에 이르는 사주구조로는 차라리 그 세력을 따라가서 의지하는 것으로 용신을 정하는 법이 바로 전왕이라고 할 수 있다.

구분하여 보면, a) 從旺 b) 從强 c) 從兒 d) 從財 e) 從官煞 f) 從勢로 구분 할 수 있다. 그 내용을 살펴보면 종왕은 견겁을, 종강은 인성을, 종재는 재성을, 종관살은 관살을, 종세는 그 세력을 용신으로 삼아야 하는 것이다.

격국론

제5장
격국론

I. 격국의 정의

宋代의 서승(徐升)이 연해자평(淵海子平)에서 거론한 이후로 유행한 이론으로서 일간을 중심으로 음양오행설에 입각하여 사주에서 제일 강한 육친을 표시하는 것이 격국이다.

격은 한 사람이 살아가는 인생의 근본이 되고 사회성으로 사회적 등급이며 부귀빈천을 나타내는 지표로써 삶의 목표라고 한다.

격국은 본질적으로 변하지 않는다는 전제를 두지만 꼭 그렇지 않으며 부분적으로 격국은 운에 따라서 합과 충에 의하여 변하게 된다. 또한 사주에 격국은 꼭 하나만 있는 것은 아니고 격국은 하나에서 세 개까지 나올 수 있으며 격국은 내격과 외격 그리고 특수격으로 구분하는데 여기서는 내격과 외격만을 기술한다.

Ⅱ. 격국에 대한 일반적인 이해

1. 격국의 순용(順用)과 역용(逆用)

격국은 월령(月令)에서 구하는데 일간을 월지에 대입하고 육친을 구분하여 격국을 정한다.

▶ 길신 : 財, 官, 印, 食 (재성, 정관, 인수, 식신)

▶ 흉신 : 殺, 傷, 劫, 刃 (편관, 상관, 겁재, 편인)

순용은 생조 한다는 의미이고 역용은 극설 한다는 의미로서 길신은 순용하고 흉신은 역용해야 한다. 길신인 재성이 식상의 도움을 받는 것이 순용이고 흉신인 칠살을 식신이 제압하는 것이 역용이다.

2. 격국의 성패(成敗)와 구응(救應)

성패(成敗)란 격을 이룬 것과 파격을 말하며 구응(救應)이란 파격이 되었다가 다시 성격이 됨을 말한다. 성격이란 합, 충, 형이 없고 정격으로 성립된 것을 말하고 파격이란 합, 충, 형으로 인하여 격을 이루지 못함을 말한다.

3. 격국의 변화

격국은 월령 정기를 격으로 삼는 것을 원칙으로 하고 월령 정기가 천간에 투간 되지 않으면 여기,중기 순으로 내려가면서 천간에 투간 된 것을 격으로 삼는다는 것이다. 월령 정기가 삼합을 이루어 삼합의 결과물로 오행이 바뀌면 그 오행으로 격을 삼는다.

4. 운에 의한 성격(成格)과 변격(變格)

격국이 완전하지 못한데 운에서 보충해 주면 성격이 되고 운에 의해서 격국이 변하는 경우를 말한다. 격국론은 그 응용범위가 넓지 않으니 정격이 성립되는 경우가 10명 중에 1~2명에 불과 하다는 것이 문제이고 또한 파격을 분석하기에는 역부족이라는데 문제점이 있다고 하겠다.

격국은 용신에서 이야기하는 일간중심의 강약과는 아무런 관계가 없다는 것을 우선 이해하여야 하고 월지를 중심으로 대표하는 세력을 찾는 것이라 이해하여야 하며, 격국은 성격(成格)과 파격(破格)으로 나누어서 구분한다.

Ⅲ. 격을 정하는 방법

격을 정하는 것은 內格에만 적용이 되는데 1) 月令(月支)의 장간(藏干)에서 正氣가 天干에 투출된 것이 있는가를 살펴보아서 투출한 천간으로 격을 정한다. 2) 正氣가 투출되지 않는 경우는 餘氣, 中氣 순으로 투출여부를 관찰하여 그 투출된 것으로서 격을 정 한다 3) 월령의 장간이 천간에 전혀 투출이 되지 않거나 또는 투출이 되었다 하더라도 다른 오행에 의하여 극상을 당하였다면 월지에 놓여있는 오행의 正氣로서 격을 정한다.

이상으로 內格 이외 外格에 속하는 사주는 月支의 투출 여부를 떠나서 그 격에 따르는 것이다. 또한 격을 정하는 법에 대하여는 격국의 종류에서 더 자세히 설명하기로 한다.

Ⅳ. 격국의 종류

1. 내격(內格)

일명 正格이라고도 하며 月의 암장간(暗藏干)을 기준하여 성립을 하는데 격국의 대부분을 차지하며 격을 정하는 방법은 다음과 같다.

- 월지의 지장간 중에서 투간한 것으로 격을 선정한다.
- 월지 지장간이 천간에 다 보이면 本氣로 격을 정하며 비견과 겁재는 투출되었더라도 격으로 인정하지 않는다.
- 월지 지장간 중에서 투간되지 않을 때에는 본기를 위주로 격을 정하여야 한다.
- 지장간은 육친법이 아닌 오행의 월령분야(月令分野)를 기준으로 하며 子午卯酉는 투간되지 않더라도 본기로 격을 정하는 것이니 일간을 기준으로 산정하는 육친의 명칭이 격국이라 하는

것이다.

① 정관격(正官格)

정관격은 일간을 기준하여 월지의 지장간의 정관이 투간 되어야 하고 사주내 다른 간지에서 정관이나 편관이 혼잡 되지 않아야 하며 신왕에 冲이나 破가 없어야 성립된다. 또한 辰戌丑未月은 잡기(雜氣)로서 격이 성립되지 않고 잡기관(雜氣官)으로 여기나 작용은 동일하며 子午卯酉는 투간되지 않더라고 본기로서 격으로 삼는다.

② 편관격(偏官格)

편관격은 일간을 기준으로 하여 생월의 지장간에서 편관이 천간에 투출하여야 성립하니 신왕 함을 좋아하고 타주에 관살이 혼잡하는것을 대단히 싫어하는 것이니 사주에서 살(煞)이 많으면 제살태과(制煞太過)라 하는데 이러한 칠살(七煞)을 다스리는 방법은 첫째 식신으로서 제살하는 방법과 둘째 양인(陽刃)으로서 합살(合煞)시키는 방법이 있고 셋째는 인수를 사용하여 살인상생(殺印相生) 하는 방법이 있다.

③ 정인격(正印格)

정인격은 일간을 도와주는 것으로서 성립되는 격인데 정인과 편인을 구분하지 않고 합하여 정인격으로 부른다. 이 격 또한 월지장간의 정인이나 편인이 투출하여야 성립하고 인성은 재를 무서워함이며 식상을 규제함이니 이 경우를 도식(倒食)이라 한다.

④ 편인격(偏印格)

편인격은 일간을 기준으로 생월의 지지에 있는 지장간 편인이 천간에 투출(정기, 중기, 여기)하거니 투출되지 않더라도 월지에 편인이 있는 것으로 성립한다. 이 격은 일간을 도와주므로 신왕하면 재성을 필요로 하고 일주가 약하고 재성이 강하면 비겁으로 용신을 구한다.

⑤ 정재격(正財格)

정재격은 일간을 기준으로 생월의 지지에 있는 지장간 정재가 천간에 투출(正氣, 中氣, 餘氣) 하거나 투출되지 않았더라도 월지의 正氣가 정재인 것으로 성립한다. 이 격은 재성이 관살을 도와줌으로서 일주가 약하여 지는 형국이므로 비겁, 인성을 얻어 신왕함을 필요로 하는 것이 원칙이지만 반대로 신왕하고 재가 약한 경우에는 상관, 식신을 얻어 재성을 도와주어야 한다.

⑥ 편재격(偏財格)

편재격은 일간을 기준으로 월령 지장간에서 편재가 천간 에 투출하거나 투출되지 않으면 월지 편재인 것으로서 성립하며 일주기준으로 당연히 약하게 되어있으니 재가 왕하거나 관이 있어 財가 官을 생하여 주면 비견, 겁재의 도움을 필요로 하는 것이며 또한

財가 적을 때에 비견, 겁재가 많으면 탈재(奪財)가 되므로 그때는 관살이 있어 비견과 겁재를 제압하여야 한다.

⑦ 식신격(食神格)

식신은 財을 도와주고 사람의 생활에 필요한 경제적 요소인 의식주와 관련이 있는 것이다. 일간을 기준으로 하여 월지의 지장간 식신이 천간에 투출되는 것으로서 격이 성립한다. 식신은 본래 내가 생하여주는 것이므로 일주(日柱)가 허약한 것이 당연한 것이기 때문에 신왕한 것을 필요로 하는 것이다. 그러나 식신을 제압하여 주는 인성(印星)도 또한 좋아하지 않는다. 그러므로 식신격은 사주가 신약하고 설기가 왕할 때에는 일간을 보호하여 주고 신강하면서 설기하는 것이 약할 때에는 설기를 하여 주는 것이 필요한 것이다.

⑧ 상관격(傷官格)

상관은 官을 극하여 상하게 만드는 것을 말하는 것으로서 일간을 기준으로 하여 월령에 지장간에 상관이있고 천간에 투출하면 성립되지만 다른 육친에 비하여 약간 다른 점이 있는데 월령에 관계없이도 격이 이루어지는 경우로서 첫째는 월지의 正氣가 상관이면 무조건 격을 이루며 둘째는 월지와 관계없이 상관으로 방국(方局)을 이루면 격을 이루고 셋째는 위에 해당 되지 않더라도 사주에 상관이 많으면 격을 이룬다.

⑨ 양인격(陽刃格)

월지에 양인이 있으면 성립되니 양일간(陽日干)에 子午卯酉月이면 해당되나 음일간(陰日干)의 양인에는 격이 성립되지 않는다. 양인의 비겁(比劫)은 나의 殺과 合하는 것이기 때문에 조금도 칠살(七煞)을 두려워하지 않으나 그 양인궁(陽刃宮)을 충거(冲去)하게 되거나 또는 財官이 旺하여 양인이 손상되는 것 등은 모두 불리하며 그렇다고 하여 그 양인을 도와주는 비견. 겁재가 사주중에 과다하게 되면 그때는 양인의 본성인 비겁(比劫)으로서 도리어 사주에서 나의 병이 되는 것이다. 따라서 양인에 대하여 여러 가지로 구분하나 대체적으로 요약해보면 다음과 같다.

a) 일주가 신왕(身旺)하지 못한 사주에서 칠살(七煞)이 들어오거나 상관이 있어 설기가 과다할 때에는 양인이 있으면 그 살이 합거(合居)양인 하므로 좋아지고 또 상관으로 설기가 과다할 때에는 일주에게 양인이 있다면 운명이 아름답다고 할 수 있는 것이다.

b) 일간이 旺한 사주에 官殺이 없거나 또는 있어도 미약한 경우 양인이 중첩되거나 양인이 강하게 있으면 근심이 발생한다.

이상과 같이 설명할 수 있으나 양인격 에서는 신약양인은 일주를 도와주므로 좋고 신강양인은 탈재(奪財)·극부(剋夫)·극처(剋妻)하므로 불길(不吉)하다고 볼 수 있다. 다만 신강(身强)·신약(身弱)을 잘 살펴서 그 양인의 거취를 산정해야한다는 것과 또 우리가 알

고 있는 甲에 卯처럼 지지에만 있는 줄 아는데 그것이 아니고 양인
은 陽日干에 비겁(比劫)이 되는 것이므로 甲에 乙이 투간하고 丙에
丁이 戊에 己가 庚에 辛이 壬에 癸가 각각 투간 하여도 이것이 양
인으로 작용할 때가 있다는 것과 또 양인일주에 있으면 그것을 일
인(日刃)이라고 하여 월인(月刃)과 같이 작용한다는 것을 양인의
구성면에서 살펴보아야 할 것이다.

⑩ 건록격(建祿格)

녹(祿)이라는 것은 원래 관록(官祿) 즉 정관을 의미하거나 또는
십간록(十干祿) 즉 甲祿在寅 乙祿在卯 등과 같이 祿을 주장함이나
그중에서 십간록의 녹으로서 월지에 구성되는 것을 건록격이라 한
다. 이것은 월건(月建)을 위주로 하는 것이고 십간록(十干祿)이로
되 月에 있으면 건록(建祿)이고 일지(日支)에 있으면 전록(專祿)
이라하고 시지(時支)에 있으면 귀록(歸祿)으로써 각각 명칭을 붙
이는 것이다. 이 건록격은 사실은 비견겁격(比肩劫格)이 되는 것
이므로 내격 선정기준에서는 예외로 하고 있다.

2. 外格

내격(內格)의 기준으로 선정되지 않는 격은 모두 외격(外格)이
라 할 수 있으니 內格과는 달리 도리어 강한 오행의 세력에 따르는
용신법을 적용하고 있는 것이며 또한 변격(變格) 내지는 편격(偏

格)이라고 할 수 있는 것이니 전체 사주 구성에서 10% 정도라 할
수 있다.

(1) 종격(從格)

　종격이라는 것은 사주에서 특정세력이 지극히 강대하여 그 세력
에 항거불능인 상태일 때에는 차라리 그 세력에 따라가는 것이 순
리일 것이다. 마찬가지로 그 세력에 따라가서 순응하는 것으로 구
성되는 격이 종격이라고 하는 것이다. 또한 일간을 포기하는 종격
은 일주가 무근(無根)하여야 하고 특정세력으로 성국(成局) 하여
야 하며 세력이 투간 되어야 한다는 것을 유념하여야 하겠다. 또한
종격에서는 그 세력으로 용신을 정하고 세력을 극하는 것은 병신(病
神)이 되고 종하는 세력을 도와주거나 설기하는 것은 희신(喜神)
이 되며 병신을 제거하는 것은 약신(藥神)이 된다.

① 종인격(從印格)

　사주의 대부분이 인성(印星)으로서 구성이 되어 있으면 재성(財
星)으로서 견제를 하여야 하는데 그렇지 못하면 인수의 세력에 따
라가야 한다. 이런 경우를 종강격(從强格)이라 하여 인성(印星)으
로서 용신을 삼으며 비견과 겁재운을 기뻐하고 재성운을 매우 불
편하게 생각한다.

② 종왕격(從旺格)

사주의 대부분이 인성과 비견 그리고 겁재로서 구성이 되었거나 비견과 겁재가 전부를 차지하여 일주가 지극히 왕성하면 그 세력을 따라가는데 이 경우 미약하나마 관살이 없어야 한다. 종왕격은 일주에 따라서 다음과 같이 분류한다.

- 곡직격(曲直格)

목일주(木日柱)로서 득령(得令)하고 목국(木局)을 이루며 관살을 만나지 않으면 성립한다.

- 염상격(炎上格)

화일주(火日柱)로서 득령하고 화국(火局)을 이루며 관살을 만나지 않으면 성립한다.

- 가색격(稼穡格)

토일주(土日柱)가 土月(辰戌丑未)에 출생하고 토기(土氣)가 충만하며 木을 만나지 않으면 성립한다.

- 종혁격(從革格)

금일주(金日柱)가 金月에 생하고 금국(金局)을 이루며 관살을 만나지 않으면 성립한다.

- 윤하격(潤下格)

수일주(水日柱)가 水月에 生하고 수국(水局)에 土氣을 만나지 않으면 성립한다.

③ 종아격(從兒格)

일주에 비교하여 식상의 세력이 너무 강성하여 자신을 버리고 식상의 세력을 따라가는 것을 말한다. 이 격은 쇠약하고 인수가 없으며 있더라도 심히 미약하고 전체 세력을 식상이 점유하여야 성립한다.

④ 종재격(從財格)

일간이 신약하고 전체의 세력이 재성(財星)으로서 구성이 되어 있거나 재성으로서 방국(方局)을 이룬 가운데 천간에 식상과 재가 있으면 왕성한 재성을 따라가야 하므로 성립된다. 인성과 비겁운을 두려워 한다.

⑤ 종관살격(從官殺格)

일주가 태약(太弱)하고 관살의 세력이 주류를 이룰 때에는 살의 세력으로 따라가야 하는데 이 경우 일간이 근(根)을 못하여 미약한 상태에서 사주 대부분을 관살이 차지하고 관살을 극하는 식상이 없어야 하며 혹 있더라도 관살을 억제할만한 힘이 없으면 격이 성립되며 식상과 비견 그리고 겁재운을 대단히 싫어한다.

⑥ 종세격(從勢格)

일주의 힘이 미약하여 홀로서기가 어려울 경우 사주구성에서 세력이 득세 한 경우(食·財·官殺)에는 일주의 힘을 포기하고 그 세력을 따라가는 것을 종세라 한다. 또한 일간의 음양에 따라 양간(陽

干)은 세력을 따르지 않고 음간(陰干)은 세력을 따르는 경향을 볼 수 있다.

⑦ 가종격(假從格)

從은 특정세력을 따라가는 것인데 비겁에 따라가는 경우를 제외하고는 일주의 힘이 모자라 할 수 없이 그 세력에 순응하는 것이라 할 수 있는데 사주에 일주를 돕는 인성과 비견 그리고 겁재가 있어도 그것이 무근(無根)하고 심히 미약한 경우에 할 수 없이 따라가는 것이 가종격이라고 한다.

(2) 종화(從化)

사주구조에서 일간이 시간 또는 월간과 합하여 성립하는데 반드시 일간을 중심으로 합하여 변화한 오행이 득령하고관살을 만나지 않은 경우는 진화격(眞化格)이라고 하고 일간과 합하고자 하는 것이 쟁합(爭合)이나 투합(妬合)되는 경우와 화신(化神)이 기운을 상실하였거나 극하는 오행을 만나는 경우를 가화격(假化格)이라고 한다. 다시 말하자면 일간중심으로 합하여 성립하고 쟁합이나 투합되는 경우와 화신을 극하는 월령이 자리할 경우에는 파격(破格)이 되는 것이다. 화격의 용신법은 화신을 생하여 주는 것이 용신이며 화신이 왕할 때에는 설기하여 주는 것을 용신으로 하며 화신을 극하는 것은 무조건 흉하다.

① 甲己 化 土格

甲日이 己를 만나거나 己일에 甲이 있으면 甲己로 합하여 土가 되는데 지지에 辰戌丑未月에 출생하고 타주에도 戊辰戌丑未의 土가 많으면 성립한다. 그러나 토가 극하는 甲乙寅卯가 있거나 쟁합하는 甲이나 己가 또 있으면 가화(假化)가 된다. 이 경우 목이 왕하면 파격이 된다. 용신은 火土이고 水木은 불길하며 金은 화신이 왕할 때는 좋으나 庚金은 甲木을 상함으로서 불리하다.

② 乙庚 化 金格

乙日生이 庚이 있거나 庚日生이 乙이 있으면 乙庚으로 합하여 화신(化神)은 金이 되는데 金의 계절인 申酉月에 생하고 타주에도 金이 많으면 성립한다. 그러나 金을 극하는 丙丁巳午가 있거나 쟁합하는 乙이나 庚이 또 있으면 가화가 된다. 이 경우도 化氣가 왕하면 파격이 된다. 용신은 金이고 水氣와 土氣가 도와주면 크게 성공하며 火氣를 제일 꺼려한다.

③ 丙辛 化 水格

丙日生이 辛을 만나거나 辛日生이 丙을 만나 丙辛으로 합하여 化神은 水가 되는데 亥子月에 生하고 타주에도 壬癸亥子의 水가 많으면 성립한다. 그러나 천간에 또 丙이나 辛이 있으면 쟁합이니 가화가 된다. 그러나 辰土는 申字가 있으면 水로 化하여 무방하고 丑土는 亥子가 있으면 방합(方合)하여 水를 극하지 못한다. 용신은 金水이며 火土의 기운을 대단히 꺼려한다.

④ 丁壬 化 木格

丁日生이 壬을 만나거나 壬日生이 丁을 만나면 干合하여 木이 되는데 寅卯月에 生하고 타주에도 甲乙寅卯의 木이 많으면 성립한다. 그러나 木을 剋하는 庚申辛酉의 金이 없어야 하고 또한 丁이나 壬이 또 있으면 쟁합되어 假化라 하며 金이 왕하면 파격이 된다. 용신은 水木이며 土金을 기피한다.

⑤ 戊癸 化 火格

戊日生이 癸가 있거나 癸日生이 戊가 있으면 戊癸로 干合하여 火로 변하는데 이 경우에 巳午月生에 타주에도 丙丁巳午의 火가 많으면 성립된다. 단 火를 극하는 壬癸亥子의 水가 있거나 쟁합 하는 戊나 癸가 또 있으면 가화(假化)가 되며 水가 왕 하면 파격이다. 용신은 木火이며 金水는 기피한다.

(3) 종기(從氣)

사주 구성에서 오행의 세력이 한 가지로 집중되는 수도 있고 두 가지 세력만으로 비등하게 구성 되는 경우도 있으며 또한 세 가지 세력만으로 비등하게 구성되는 경우가 있다. 한 가지 세력만으로 구성되어진 사주를 독상(獨象)이라 하고 두 가지 세력만으로 이루어진 사주를 양상(兩象)이라 하며 세 가지 세력만으로 이루어진 사주를 삼상(三象)이라고 한다.

독상을 一行得氣 또는 一氣成象이라 하고 양상을 兩氣成象 또는 兩神成象이라 하며 삼상을 三氣成象 또는 三神成象이라고 표현한다.

① 일행득기격(一行得氣格)

일기성상(一氣成象) 즉 독상을 말하며 사주 전체의 세력이 전부가 비겁으로만 구성되어야 독상이라 하고 일행득기(一行得氣)라 하는 것이다. 사주가 이와 같으면 雜된 것이 섞이지 않았다 하여 귀격(貴格)으로 보는 것이다.

② 양기성상격(兩氣成象格)

양상(兩象) 또는 양신성상(兩神成象)이라 하며 반드시 일간과 비겁을 포함해서 인수나 식상 즉 인수와 비겁, 비겁과 식상으로 세력 균형을 이루어야 한다. 그러므로 상생관계를 이룬 육친 두 가지로만 구성하고 두 세력이 균등하여야 양상을 이룬다고 보는 것이다. 두가지 오행을 꼭 같이 보호하여야 하며 어느 한쪽을 극상하면 불리하다. 용신은 통관신(通關神)이다.

③ 삼기성상격(三氣成象格)

삼상(三象) 또는 三神成象이라고도 한다. 이 격은 인수·비겁·식상 또는 관살·인수·비겁처럼 사주명식에서 세 가지 오행만으로 구성되어 세력이 비슷한 경우에 상생의 관계로서 이루어지며 용신은 그 세력을 추종하고 있다.

제6장
명리의 응용

Ⅰ. 통변에 대한 이해

1. 부귀빈천(富貴貧賤)

1) 富命

① 사주가 신왕하며 재성 또한 강하고 식상이 있거나 관살이 있고 대운이 용신으로 흐르면 부명(富命)이며 재성이 용신인데 식상이 있으면 부자가 된다.

② 사주가 신약하여 인성이 용신인데 財官印이 서로 상생하면 부자가 된다.

③ 신왕사주가 설기가 아름답고 재성으로 운이 흐르면 대부(大富)한다.

④ 신왕하고 재성이 왕 하였으나 재성이 천간에 투간 되지 않은 사주는 소문 없는 부자이면서 수전노이다.

- 사주가 신왕하고 또한 인성도 왕 하면 상식이 약하여도 재성이 기운을 얻으면 치부(致富)한다.

- 사주전체가 재성으로 구성되어 종재격이 財官運으로 흘러가
  거나 식상으로 종한 從兒格이 재운으로 흐르는 경우 부자가
  된다.
- 신왕하고 인성 또한 강한데 관성이 약한 경우 재성의 기를 얻
  은 사주는 부자가 된다.
- 신왕하고 재성 또한 강한데 상식이 없으면 관살이 재성을 보
  호하면 치부한다.
- 재다신약(財多身弱)한 사주는 官印이 없고 肩劫이 있으면 부
  자가 된다.
- 재성이 강건하고 기운이 설기되면 妻, 財가 아름답다.
- 사주에서 재성이 혼잡한데 대운이 순조로우면 부자가 되나
  애정문제는 아름답지 못하다.
- 사주가 신왕하고 재관이 약하며 상식이 힘이 있으면 처궁은
  아름답지 못하나 부자가 된다.

2) 귀명(貴命)

- 사주가 신왕하고 관성 또한 왕 한데 인성이 통관의 역활을 하
  는 경우 귀명이다.
- 신왕하고 관성 약한데 재성이 관을 생하여 주는 경우 귀명
  이다.
- 신약하고 관성이 강한데 인성이 일주를 생하여 주는 경우 귀
  명이다.
- 인성이 강하고 관이 약한데 재성이 유기한 사주는 귀명이다.

- 견겁(肩劫)이 왕하고 재성이 약한데 관성이 일주를 견제하여 주는 경우는 귀명이다.
- 신약한 명조가 재성이 인성을 극하는데 관을 만나 통관이면 귀명이다.
- 사주에서 관성이 용신인 경우 재관이 지장간에 암장되어 있는 경우는 귀명이다.

3) 빈천명(貧賤命)

- 사주가 신왕하고 관이 약한데도 불구하고 인성이 과다하면 빈천하다.
- 신약한 사주가 관살이 강한데 인성이 무기력하거나 없을 때는 빈천하다.
- 관성과 인성이 강하여 일간이 허약할 때는 빈천하다.
- 사주가 신강하고 관이 약한데 재성이 없거나 상식(傷食)이 관살을 극하는 경우에는 빈천하다.
- 신왕하고 관성이 약한데 재성 또한 무기력할 때에는 빈천하다.
- 신약에 인성이 용신인데 재성이 인성을 파극 하거나 상식이 과다한 사주는 빈천하다.
- 신약하고 관성이 강한데 약한 상식으로 관살을 극하는 경우 빈천하다.
- 신약한 사주가 관성이 강하고 재성이 관살을 도와주는 운명은 빈천하다.
- 재다신약한 사주가 관성이 있고 인성이 없는 경우에는 모두

빈천하다.

- 비겁이 과다하여 약한 재성을 다투는 경우 상식이 없거나 관살이 없는 사주는 빈천하다.
- 신왕하고 식상으로 설기가 되는데 인수가 사주에 과다하게 있는 사주는 빈천하다.
- 신약하고 재성 또한 약한데 관살이 사주에 과다하게 있으면 빈천하다.
- 사주에서 관성과 재성이 용신인데 합으로 인하여 기능을 상실한 경우 빈천하다.
- 명조가 치우치거나 혹은 용신과 희신이 상극되었는데 대운 또한 불리하게 흐르는 명은 빈천하다.

2. 수요(壽夭)

1) 장수(長壽)

- 사주에서 오행이 다 구비되어 중화가 되어 있는 경향이 있고 충 또는 극이 없는 사주는 장수한다.
- 신강사주가 재자약살(財滋弱殺) 하거나 일주가 왕하나 태과하지 않은 명조는 장수한다.
- 사주에서 대운이 잘 흐르고 신약사주가 인성으로 흐르는 경우 장수한다.
- 신왕사주에서 설기가 아름답고 식신생재(食神生財) 하는 경우 장수한다.

- 사주가 소통되어 생생불식하는 명조는 장수한다.
- 격이 성격(成格)하고 파함이 없으며 대운이 흉하더라도 부요 즉상하고 유정한 사주는 장수한다.

※ 扶遙則上 / 대운에서 지지가 기신인데 천간이 일주를 돕는 희신, 약신, 용신으로 통관하여 사주의 용신을 생조하여 줄때를 말한다.

2) 단명(短命)

- 사주명조에 역마양인이 있고 대운이 기신으로 흐를 때 객사하는 경향이 있다.
- 명조에서 칠살이 태왕하거나 양인이 태강한 사주는 흉사 하는 경향이 있다.
- 명조에서 월지 상관이 충극된 경우에는 단명한다.
- 양인과 칠살이 상관과 같이하는 명조는 단명한다.
- 신약한 사주가 인성이 없는 경우에는 단명한다.
- 일주가 태강하고 식상이 없거나 신왕한 사주가 관살이 없는 경우에는 단명한다.
- 신약한 사주가 재살이 많을 경우에는 신체허약하고 단명한다.
- 사주에서 용신 또는 희신이 약하고 기신이 강성한 경우에는 단명한다.
- 신약사주가 식상이 왕한 경우에는 단명한다.
- 사주에서 조열 하거나 냉한(冷寒) 경우로 계절의 기가 부조화한 경우에는 단명한다.

- 신약한 사주가 인성으로 용신을 삼는데 재성이 너무 많은 경우에는 신체가 부실(영양실조, 소화불량)하다.
- 사주에서 水氣가 많아 木氣가 구실을 못하며 수기를 제압할 수 없는 명조를 타고 나는 경우 호흡기및 소화기질환이 있어 본다.

3) 부부(夫婦)

- 신약하고 재살이 태과한테 時上에 재살이 있는 경우에는 악처(惡妻)와 인연 있다.
- 재다신약(財多身弱)한 사주이거나 인성이 용신인데 재가 인성을 극하는 경우 또는 관살 기신을 생조 하는 사주는 부인으로 인하여 근심하여 본다.
- 년지에 도화살을 놓거나 신왕하고 재가 태약한 경우 또는 일지에 인수도화 가진 명조는 년상여인과 인연을 맺어 본다.
- 재성에 형, 충된 경우와 급각살 및 단교관살이 해당되고 재성에 탕화살이 가중된 경우에는 부인의 건강문제로 고민한다.
- 견겁이 재성과 합을 하는 명조이거나 견겁과 재성이 암합(暗合)한 경우에는 내가 의처중이거나 처가 부정(不貞)하기 쉽다.
- 신왕사주가 재성과 합을 한 경우에는 이성문제로 구설이 있다.
- 사주에서 재성이 혼잡 되고 도화살이 많으면 풍류 호색한다.
- 사주가 신왕하고 재성이 태약한 경우에는 호색한다.
- 土日生이 조열한 사주이면 풍류 호색하여 본다.
- 水日生에 신왕하고 사주가 냉한(冷寒)하면 풍류 호색하여 본다.

- 日時에 원진살, 형충, 공망인 경우이거나 식상이 혼잡된 경우 또는 재성이 일주와 형충된 경우에는 언쟁으로 인하여 화합하지 못한다.
- 사주에서 재성으로 용신이 되어 아름다운 경우에는 처의 내조로 성공한다.
- 재성이 태왕하고 형, 충 되는 경우 처의 비명횡사 하여 본다.
- 재성이 미약하고 식상의 도움이 없는데 견겁이 태왕한 사주는 처의 흉사로 볼 수 있다.
- 재성에 도화살 이면 미인과 결혼하여 본다.
- 사주에 식상이 많거나 관살이 강하면 뚱뚱한 여자와 결혼한다.
- 사주에 관살이 없거나 관살이 심히 약하거나 재성이 태약한 경우에는 마른체질의 여자와 결혼하여 본다.
- 사주에서 日時에 인수도화가 있거나 식상과 재성이 합신(合身)하면 처가를 봉양하여 본다.
- 사주에 日時에 귀문관살이나 원진살을 놓으면 변태행위 하여 본다.
- 일지에 재성이 귀문관살인 경우에는 변태행위 하여 본다.
- 정, 편재가 혼잡하면 이혼경향이 있어 본다.
- 양인살이 강하고 재성이 함께하며 형충 되면 처가 가출하여 본다.
- 재성이 많고 신약하는 경우에는 부인이 가권(家權)을 쥐어 본다.
- 재성이 태강하거나 재성이 혼잡 되면 부인에게 의사표현 못하고 살아본다.

- 四柱에서 傷食이 많거나 혼잡하면 처의 어머니가 둘인 경향이 많다.
- 日時에 관살이 입묘(入墓)하고 사주에 관살이 극상한 경우에는 처에게 자식이 없다.
- 신왕한 사주에 관이 부실하거나 관살이 혼잡한 여자는 정숙하지가 못하다.
- 사주에 金水가 왕하고 관이 없거나 목화통명(木火通明)에 관살이 없는 경우 또는 인수가 왕하고 관성이 태약한 여자는 독수공방 한다.

4. 직업(職業)

1) 오행별 분류

① 木: 사주에서 木의 기운이 왕성하면 관 및 법조계에 종사하여 보며 기운이 약하면 교육, 종교지도, 연구직에 진출하여 본다

② 火: 사주에서 火의 기운이 왕성하면 제조업이나 생산업에 종사하고 기술직에도 탁월하며 학자나 연구직종에 종사한다.

③ 土: 土의 기운이 왕성하면 농업, 광물업이 좋고 토의 기운이 부족하면 부동산업에 종사하여 본다.

④ 金: 사주에 금의 기운이 강하면 무역업이나 가공업에 관심 있고 부족하면 금속 관련업에 종사하여 본다.

⑤ 水: 사주에 수의 기운이 왕성하면 요식업이나 유통업에 종사하고 부족하면 수산업이나 숙박업에 종사하여 본다.

2) 용신별 분류

① 木 : 활동력을 요구하고 목재관련, 조경, 의류, 원예, 교육 등에 적성이 있다.

② 火 : 정신적, 종교적인 성향을 요구하며 정보통신, 전기, 화학, 미용업에 적합하다.

③ 土 : 인내력과 지구력을 요구하며 공익을 위한 특수업이나 언론에 진출하고 농업, 부동산, 도축업, 의학, 종교사업에 적합하다.

④ 金 : 내구력을 요구하고 학자나 연구직에 진출하여 보며 금속 관련업, 무역업에 종사하여 본다.

⑤ 水 : 법적인 판단력과 논리력을 요구하고 공직, 교육계통에 적합하며 수산업, 유흥업, 유통업에 종사하여 본다.

3) 육친별 분류

① 比劫: 사주에 비겁이 태왕하면 독립적 사업 또는 전문직(변호사등)이나 자유업에 적합하다.

② 正印: 지식을 활용하는 정(靜)적인 학자나 교육계가 좋으며 생산, 기술직에 좋다.

③ 偏印: 전문지식을 요하는 의약업이나 인기예술인에 적합하고 비생산적인 사업에 적합하다.

④ 食神: 교육계나 학계가 최고 좋으며 요식업도 가능하고 현실적 실업가에 적합하다.

⑤ 傷官: 학자나 교육자 또는 예술, 종교가에 적합하며 기술직

에 종사한다.

⑥ 正財: 조직생활에 적합하며 금융업도 진출하고 사회원이나 공직생활하여 본다.

⑦ 偏財: 상업이나 금융업 그리고 무역업, 유통에 적합하다.

⑧ 正官: 조직적 사고로서 공익을 위한 공직이나 기술직이 가능하다.

⑨ 偏官: 대인관계가 빈번한 사교적 직업과 특수한 직업(군인, 경찰, 보안등)도 가능하다.

Ⅱ. 行運에 대한 理解

명리가 인간의 삶에 형태를 관찰하여 보는 한 가지 방법이라면 그 중에도 운기의 흐름을 잘 살펴야 할 것이다. 격국의 大·小도 중요하지만 그 명조의 吉, 凶을 좌우하는 운의 흐름이야말로 명운(命運)을 좌우하는 전부라 할 수 있으니 이 장에서는 행운에 관하여 설명해 보기로 한다.

1. 행운(行運)의 종류

1) 대운(大運)

- 대운은 사주에서의 후천적 운세에 해당되는데 주로 10년 단위로 흐름을 규정한다. 그러므로 대운은 그 사주를 10년 단위

로 관리하는 위탁관리자인 것이다.

- 干支 5년씩 적용하여보나 지지를 중히 여기고 전체를 10년씩 계산하여 보는데 관건은 사주와의 비교분석이라 할 것이다.
- 대운은 간지 간에 서로 상생함을 기뻐하고 반목함을 꺼려한다.
- 운의 흐름이 길할 때에는 천간이 지지를 생함을 기뻐하고 지지가 천간을 생함은 설기되어 기쁘지 않다.
- 대운에서 지지가 기신인데 천간이 일주를 돕는 희신, 약신, 용신으로 상생 통관시켜 사주의 용신을 도와주는 경우를 부요즉상이라 하는데 이런 경우 흉함이 길함으로 변한다.
- 대운의 간지에 있어서 지지가 희신이고 천간이 기신일 경우를 개두(蓋頭)라 하는데 이런 경우 吉凶이 반감된다.

2) 년운(年運)

- 당해년(當該年)의 운을 말하며 년운은 1년간의 사주 운영책임자라 할 것이다.
- 년운은 천간을 중요하게 여기고 지지는 보좌역할을 한다고 본다. 그러나 간지를 모두 중하게 여긴다.
- 간과 충, 합, 극상하면 직접적인 일을 당하고 支와 충, 합, 극상을 당하면 간접적인 일을 당하게 된다.
- 간지가 서로 吉, 凶가 엇갈리면 吉中凶이며 凶中吉이다.
- 대운과의 관계를 잘 살펴서 감정하여야 한다.
- 운에서 일주를 간극지충(干尅支冲)하거나 세운(世運)을 충극 하는 것을 최고 두려워한다.

- 길한 대운이라도 년운과 동일하게 운이 흐르면 흉하다.
- 대운과 년운이 支冲함도 꺼리는데 통관, 합 시켜주면 기쁘다.
- 대운과 년운이 합하면 화오행(化五行)이 길신 되는 것을 기뻐하고 기신되면 흉하며 화오행이 길신을 극함도 꺼려한다.
- 기신이 합충 되면 길하고 길신이 합충 하면 흉하다.

3) 유년간법(流年看法)

- 대운·년운·월운·일운을 모두 합하여 유년이다.
- 사주의 왕쇠를 위주로 희·기신을 구분하고 그것을 토대로 길흉을 판단한다.
  희신운에는 만사가 형통하고 순성하며 기신운에는 만사가 지체되고 이루어지는 일이 없다.
- 대운과 년운이 충·합이면 만사지체가 되고 불의의 재난을 당한다.

① 천지 동(天支 同)

- 일주와 동일한 운이 오는 것이 천지동인데 나와 동일한 것이 출현하니 주인이 둘인 격이다.
- 구설, 시비 분분하고 중상모략이 있고 정신적인 고통이 심하다.
- 의외재난 발생하고 부친에 불리하며 배우자의 재난과 애정문제 발생으로 본다.
- 신약사주는 길하나 중첩 되는 것을 꺼려한다.
- 믿는 도끼에 발등 찍히니 대인관계에 주의할 것이다.

② 천지 충(天支 沖)

  - 일주의 간지를 정면으로 충돌하는 경우를 말한다.
  - 적을 보게 되니 필사의 투쟁이라고 보며 자기 역량을 최대한
    발휘하게 되나 결과는 소득이 없다.
  - 신왕한 사주는 흉이 덜하나 신약한 자는 대흉하다.
  - 의외재난, 강도, 상해 등 천지가 난동이며 신상변동, 좌불안
    석, 심신불안으로 해석 할 수 있다.
  - 부모, 자녀, 배우자의 비운을 암시하며 그렇지 않으면 크게
    놀랠 일이 있다.
  - 감정과 기분을 억제하고 이성과 인내를 최대한 발휘하여 분
    수를 지켜야 한다.
  - 신규사업도모나 확장은 삼가야 한다.
  - 이사나 결혼, 직장이동은 좋으니 고난을 덜어준다.
  - 간충(干沖)이 되었을 때는 작용이 약하나 방심은 금물이다.

③ 천지 합(天支 合)

  - 일주의 간지가 합 되는 경우를 말한다.
  - 다정한 것이 병으로 유혹을 많이 당하며 애정문제가 발생하
    기 쉽다.
  - 일확천금의 유혹으로 욕심을 부리다가 크게 실패한다.
  - 알면서도 사기당하는 일이 발생한다.
  - 운의 여파는 매우 크고 오래가니 처신에 신중함이 요구 되며
    간합(干合)만 되어도 동일하다.

- 간합지형(干合之刑)의 경우도 동일하며 관재, 상신(傷身)을
  주의하여야 한다.

④ 천동지충(天同 支沖)
- 일간과 동일하고 일지를 충 하였을 경우를 말한다.
- 동상이몽으로서 표리부동하고 자기의 예상이나 기대가 어긋
  나는 결과를 초래한다.
- 배우자와 충돌하거나 가출, 본인의 심신불안정으로 방황하게
  된다.
- 변동변화와 구설수가 있고 친근한 사람으로부터 상처를 받는다.

4) 육친별 간법(六親別 看法)

① 인수년(印綬年)
- 이사, 주택, 문서, 매매가 발생한다.
- 신규사업도모, 학업, 시험관계일이 발생한다.
- 정신을 집중하는 편중된 일이 발생한다.
- 여자는 자손에 불리하며 자궁, 유방 등의 질환이 발생하고 형
  살을 만나면 낙태수술 하여본다.
- 형·충이면 어머니에 재난이 발생하고 수술하여 본다.
- 인성이 길신이면 문서취득, 승진 , 표창등 경사(慶事) 있고 시
  험합격, 매매성사(賣買成事)의 길함이 있다.
- 인성이 기신이면 문서상 불리한 판결을 받거나 손재수가 발
  생한다.

- 도장으로 인하여 실패하니 재정보증은 금물이다.
- 부동산매매가 부진하고 주택문제로 고민한다.
- 직장에서는 좌천 , 파직등의 일이 발생하고 송사도 불리하다.
- 여자는 자식으로 인하여 근심이며 식상용신자는 크게 실패한다.

② 견겁년(肩劫年)
- 동업·투자가 일어나고 재물분쟁이 일어나며 가정이 불안하다.
- 견겁이 재성과 합되면 눈뜨고 손재(損財)를 당하며 혹은 처에게 애정문제가 발생한다.
- 물질적 손재가 발생하나 재다신약자는 길하다.
- 견겁이 합살(合殺)이면 형제가 연애하고 견겁도화면 형제가 풍류하며 부친이 불리하다.
- 견겁이 길신이면 타인과 형제의 도움으로 오래된 숙원사업이 해결된다.
- 견겁이 길신이면 재물을 모으고 명예가 나며 타인과의 동업으로 성공한다.
- 견겁이 기신이면 타인과 불화, 시비, 송사가 발생하고 재물의 손해가 빈번하며 구설이 끊이지 않는다.
- 견겁이 기신이면 친구, 동료, 형제와 불화하고 심신이 불안하다.

③ 식상년(食傷年)

- 힘들여 매사에 공을 들이나 공덕은 없으며 자기의 재주만을 믿다가 실패를 경험한다.
- 남의 일에 관여하여 곤란한 일을 당하여 본다.
- 남자는 자녀에 불리하고 딸에게 애정문제가 발생한다.
- 남자는 여형제가 결혼하고 임신한다.
- 여자 상관년은 부부불화하고 배우자를 증오한다.
- 여자의 운명에 상식이 관성과 합이 되면 아들에 애정문제가 발생하고 인성이 합하면 딸이 연애한다.
- 식상이 입묘운(入墓運)이면 자녀가 득병(得病)한다.
- 식상이 길신이면 실업자는 취직하고 휴업자는 활동하며 자금 난이던 사업가는 형통하고 또한 질병자는 회복하고 미혼자는 결혼하여 만사형통이다.
- 식상이 기신이면 재주와 자만으로 만사에 실패하고 유혹과 감언이설에 사기당하고 타인 위해 봉사하나 욕을 먹는다.
- 또한 관재구설이 많고 상신(傷身), 수술하여 보며 투자나 신규사업은 금물이고 남의 일에 관심을 보이지 말아야 한다.

④ 재성년(財星年)

- 학업이 부진하고 공부가 잘 안된다.
- 모친이 불리하고 매매에 관련하여 말이 많다.
- 남자는 재합신(財合身)이면 연애결혼하고 유부남은 의외의 바람 펴본다.

- 역마재(驛馬財)가 합신(合身)이면 해외에 가서 경영활동하고 객지출입하여 보며 출장연애 하여본다.
- 재성이 刑을 만나면 부친, 배우자에 슬픔이 있고 재물로 인하여 분쟁이 발생한다.
- 재성이 귀문관살과 같이 있으면 재물로 인하여 근심하고 妻로 인하여 신음하며 애정문제 발생한다.
- 재성이 길신이면 사업번창으로 재물이 번성하고 직장승진하며 의외의 재물을 모은다.
- 재성이 기신이면 투자, 사업확대로 실패하고 사기, 유혹, 향락에 가산탕진하며 부도, 파산, 모친재난과 관재구설이 발생한다.

⑤ 관살년(官殺年)
- 형제가 불리하고 애정문제가 발생하며 직업문제에 대하여 권태를 느낀다.
- 관살에 재성이 형살에 있으면 관재송사가 발생한다.
- 여자의 운명에 관살이 입묘하면 배우자 득병(得病)이며 남자는 자녀가 병으로 고생한다.
- 정관합신(正官合身)이면 여자는 실정(失貞)하며 직장변화와 형제에 애정문제가 발생한다.
- 관살이 길신이면 실직자 취업하고 봉직자 승진하며 영전한다. 또한 여자는 길연(吉緣)이 있고 득자(得子)도 한다. 관살이 기신이면 질병, 관재, 상신(傷身), 손재가 발생하고 형제에

재난과 정신적 고통이 있다.

5) 목적에 의한 통변

① 이사변동(移徙變動)

- 월지 및 일지를 충하는 해에는 이동과 변화가 생긴다.
- 일지와 년지가 삼합되는 해는 이사운이 있다.
- 인수가 사주의 일주와 합이 되는 해에는 이동한다.
- 역마지살에 일주에 합이 오는 해는 이동한다.

② 해외이동(海外變動)

- 월지가 역마지살과 삼합이 되는 해에는 해외출입을 하여 본다.
- 사주에서 월지가 충이되고 일주에서 합이 드는 해에는 해외 이동을 하여 본다.
- 역마에서 재관이 일주와 습을 하면 이동한다.
- 일과 시지(時支)에 역마지살이 충을 만나면 이동한다.
- 사주에서 인수가 일주와 합을 하는 해에는 해외출입을 하여 본다.

③ 결혼(結婚)

a) 남자

- 재성이 일주와 합하는 해에는 결혼하여 본다.
- 관성이 일주와 합하거나 용신이 일주와 합하는 해는 결혼운 이 있다.

- 재성이 약한 사주에서 식상년이 들어오면 결혼운이 있다.
- 유년(流年)에 도화운이 들어오면 연애결혼한다.

b) 여자
- 사주에 정관이 일주와 합하는 운이면 결혼한다.
- 사주에 식상년 이나 용신이 일주와 합하는 운이 들어오면 결혼하여 본다.
- 인수운이나 월지가 충을 당하는 해는 결혼하여 본다.
- 관성이 약한 사주가 재성년이 오거나 유년(流年)에 도화운이 오면 결혼하여 본다.

④ 문서관련·신규사업·학업성취
- 사주에 인수년이 오면 발생하고 재성년에는 불리하며 이루어지지 않는다.
- 역마와 인수가 형을 만나거나 충을 만나는 해에는 매매사에 구설이 많다.
- 인수년에 매매, 계약관계, 신규사업에 관한 일들이 발생하나 길흉은 용신에 따라 분별한다.

⑤ 관재송사(官災訟事)
- 유년(流年)에서 수옥살이 오거나 천라지망살이 들어오는 해에는 관재송사가 발생한다.
- 사주에 형살을 놓은 자가 유년에서 일지에 형살이 들어오면

관재가 발생한다.

- 유년에서 관살, 상관년에는 관재를 발생한다.
- 견겁년이거나 일간을 극하고 지지는 충을 당하는 해에는 관재송사가 발생한다.

⑥ 재물손해(財物損害)
 - 유년(流年)에서 겁살년, 칠살년, 상관년이 오거나 군비쟁재년이 오면 재물에 손해를 본다.
 - 재성과 합을 하여 변화한 오행이 다른 주(柱)에 있는 재성을 파극하는 년에는 재물손해 있어본다.
 - 사주에서 인성이 강한데 유년에서 인성운이 오면 재물에 손해 있어본다.

⑦ 교통사고(交通事故)
 - 일지에 역마와 지살이 형이나 충을 당하는 운이 오면 교통사고 있어본다.
 - 신약사주에 역마가 식상·재살국(財殺局)을 이루며 유년에서 일주와 시에 합을 하는 운에는 사고가 있다.
 - 관살이 왕한 사주가 운에서 관살운이 오면 교통사고 있어본다.
 - 일지가 용신인 사주가 운에서 충을 당하여 용신이 파극 되면 교통사고 당하여 본다.

6) 질병(疾病)에 대한 이해

사주 에서 음양오행의 논리적 구조에 따라서 인간의 질병에 영향을 주는데 질병에 관하여는 오행의 조화여부를 잘 살펴야 할 것이다. 사주가 오행이 구비되고 중화에 이르면 장수하고 사주가 편중되거나 충극 되면 단명하고 항상 병으로 신음하여 본다고 할 수 있는 것이다.

한의학에서는 음양의 부조화에 의하여 질병이 발생한다고 하는데 오운육기에 의한 주기와 객기의 구조적 이해가 선결되어야 한다고 생각한다.

사주에서의 질병을 살펴보는 방법을 다음과 같이 정리하여 보겠다.

- 일간의 강약을 구분하여 보며 신약하면 허약하고 신강하면 건강하다.
- 격국이 순수한지를 살펴보며 순수하면 심리가 정상적이고 격국이 복잡하면 불안정하다.
- 용신이 무력한지 아니면 유력(有力)한지를 살펴보아야 할 것이며 유력하면 길함이 많고 흉이 적은데 용신이 무력하면 질병이 많다.
- 사주구조에서 오장육부를 가려내어 그 왕쇠를 판단하여야 하는데 또한 대운과 유년(流年)에서 발생하는 관계론을 잘 살펴서 질병을 가려야 할 것이다.
- 사주구조에 있어서 음양오행의 숫자를 가지고 왕쇠를 판단하

는 것은 금물이며 사주의 강약을 구분하여 질병을 판단하여야
한다.

① 신체구조상의 질병오행
  - 甲乙: 肝臟, 담, 신경계통, 두통, 정신병
  - 丙丁: 心臟, 소장, 안목
  - 戊己: 胃臟, 비장, 피부
  - 庚辛: 肺, 대장, 근골
  - 壬癸: 腎臟, 방광, 혈액

② 출생월별 질병구분
- 子月生 : 生殖器, 子宮疾患, 膀胱尿道, 청각 고장
- 丑月生 : 흉부질환, 위비허약, 관절허약
- 寅月生 : 膽,腸疾患, 신경성질환, 관절허약
- 卯月生 : 간장, 안면, 불면증, 신경쇠약, 指痛, 근골허약
- 辰月生 : 소화기질환, 피부병,
- 巳月生 : 인후병, 심장병, 위통, 치통
- 午月生 : 심장허약, 시각고장, 미각파손
- 未月生 : 소화질환, 비장장애, 건망증, 권태감,
- 申月生 : 호흡기질환, 폐질환, 대장허약
- 酉月生 : 하혈, 토혈증, 소장, 뇌출혈, 근육통증
- 戌月生 : 하반신질환, 자궁병, 수족허약, 고질병, 좌골신경통
- 亥月生 : 배설고장, 허약, 뇨도, 신장, 편두통

제**7**장

기 타

Ⅰ. 궁합론(宮合論)

궁합은 남녀간에 결혼을 위하여 보는 것인데 혼인이란 이성지합(二姓之合)이므로 사람의 인생역정에 있어서 가장 중요한 행사라 할 것이다.

궁합이라는 말의 어원을 고찰해보면 갑골문에서 찾을 수 가 있는데 宮은 宀자와 呂자가 합한 것으로 '呂'는 입구자를 포개놓은 것이며, 『爾雅』「釋宮」에 보면 "宮은 室이라 하고 室은 宮이다. 또한 옛날에는 귀하거나 천하거나 모두 宮이라 하였으며 秦, 漢 이래로 오로지 왕이 거처하는 곳을 宮이라 한 것이다"라고 하였다.

갑골문에서 合자는 그릇과 뚜껑을 서로 맞춘 모습을 의미하고 있는 것이며 『說文解字』에서는 '입을 모은다'는 말로 配·會·聚·集과 같은 의미로 사용되었다.

이것으로 미루어 보면 최초의 궁합의 의미는 집안과 집안간의 결합으로 볼 수 있고 문화적으로는 결혼·혼인·시집가다·장가들다 등의 말속에 항상 따라다니는 것이 궁합이 아닌가 한다.

궁합의 기원은 은주시대(殷周時代)의 혼인점(婚姻占)에서 출발하였다고 할 수 있을 것이며 당대(唐代)에 여재(呂才)의 합혼론(合婚論)을 거쳐 명대(明代)의 임소주(林紹周)의 『天氣大要』「男女九宮宮合法」에 최초로 궁합이라는 말이 등장 하였고 사주에서는 고유명사가 되었다.

우리나라에서는 여말선초(麗末鮮初)에 사주가 유입되었고 일부 계층의 전유물이던 술수(사주궁합)가 조선중기부터는 일반 민중들에게도 성행하였다.

여기에서는 궁합을 보는 간단한 방법을 소개하겠으며 더 자세한 사항은 전문서적을 참고하기 바란다.

1. 납음오행궁합법(納音五行宮合法)

육십갑자납음오행표(六十甲子納音五行表)

甲子 乙丑	海中金	丙寅 丁卯	爐中火	戊辰 己巳	大林木	庚午 辛未	路傍土	壬申 癸酉	劒鋒金
甲戌 乙亥	山頭火	丙子 丁丑	澗下水	戊寅 己卯	城頭土	庚辰 辛巳	白鑞金	壬午 癸未	楊柳木
甲申 乙酉	泉中水	丙戌 丁亥	屋上土	戊子 己丑	霹靂火	庚寅 辛卯	松柏木	壬辰 癸巳	長流水
甲午 乙未	砂中金	丙申 丁酉	山下火	戊戌 己亥	平地木	庚子 辛丑	壁上土	壬寅 癸卯	金箔金
甲辰 乙巳	覆燈火	丙午 丁未	天河水	戊申 己酉	大驛土	庚戌 辛亥	釵釧金	壬子 癸丑	桑柘木
甲寅 乙卯	大溪水	丙辰 丁巳	砂中土	戊午 己未	天上火	庚申 辛酉	石榴木	壬戌 癸亥	大海水

예를 들면 甲子生은 해중금이고 戊辰生은 노중화니 서로 극을 하여 궁합이 맞지 않는 것으로 판단한다.

2. 신살궁합법(神殺宮合法)

신살궁합법은 중국 당대(唐代)에 서양점성학과 역법이 전래되면서 궁합에 영향을 주었다.
① 生年月日의 四支를 서로 비교하여 판단한다.
② 四支가 서로 合이 들면 길연으로 인정한다.
③ 四支가 서로 殺이 있으면 인연이 없는 것으로 판단한다.

3. 사주궁합법(四柱宮合法)

자평사주이론(子平四柱理論)으로 남, 여의 운명을 대조하여 보는 것이다.
① 궁합 당사자의 사주 전체의 격국과 용신을 비교한다.
② 격국이 서로 보완적이면 길연으로 판단한다.
③ 사주의 용신이 서로 유기(流氣)하면 길연으로 인정한다.

4. 혈액형궁합법(血液型宮合法)

현대적으로 많이 사용하는 궁합법 으로서 혈액형 네 가지를 가지고 유사성과 보완성으로 판단하는 것이다.

Ⅱ. 택일론(擇日論)

인간의 생활에는 여러 가지 행사가 많이 발생하는데 그중에도 혼인, 이사, 건축, 개업, 고사, 이장 등의 일이 다양하게 발생을 하며 그때마다 우리들은 같은 값이면 다홍치마라는 심정으로 흔히 손(損) 없는 좋은날을 선택하여 대, 소사를 치루어 왔다. 그러나 택일방법이 무척이나 어렵고도 복잡하여 일반인들은 손쉽게 좋은 날을 택할 수 없었음은 엄연한 사실이다. 여기에서는 일반적이며 손쉽게 택일할 수 있는 방법을 기록한다.

1. 결혼흉년(結婚凶年)

生年	子	丑	寅	卯	辰	巳	午	未	申	酉	戌	亥
男凶年	未	申	酉	戌	亥	子	丑	寅	卯	辰	巳	午
女凶年	卯	寅	丑	子	亥	戌	酉	申	未	午	巳	辰

① 흉년에 결혼하면 부부불화, 생리사별, 공방수가 많다
② 자손이 불미(不美)하고 재산이 부족하다.

2. 생기복덕법(生氣福德法)

年齡 ＼ 日辰 男女		子 日	丑寅 日	卯 日	辰巳 日	午 日	未申 日	酉 日	戌亥 日
10.18.26. 34.42.50. 58.66.74.	남 여	禍害	絶體	絶命	遊魂	天醫	福德	本宮	生氣
11.19.27. 35.43.51. 59.67.75.	남	遊魂	福德	天醫	禍害	絶命	絶體	生氣	本宮
	여	絶命	生氣	禍害	天醫	遊魂	本宮	福德	絶體
12.20.28. 36.44.52. 60.68.76.	남	本宮	天醫	福德	生氣	絶體	絶命	禍害	遊魂
	여	絶體	禍害	生氣	福德	本宮	遊魂	天醫	絶命
13.21.29. 37.45.53. 61.69.77.	남	天醫	本宮	遊魂	絶命	禍害	生氣	絶體	福德
	여	生氣	絶命	絶體	本宮	福德	天醫	遊魂	禍害
14.22.30. 38.46.54. 62.70.78.	남 여	福德	遊魂	本宮	絶體	生氣	禍害	絶命	天醫
15.23.31. 39.47.55. 63.71.79.	남	生氣	絶命	絶體	本宮	福德	天醫	遊魂	禍害
	여	天醫	本宮	遊魂	絶命	禍害	生氣	絶體	福德
16.24.32. 40.48.56. 64.72.80.	남	絶體	禍害	生氣	福德	本宮	遊魂	天醫	絶命
	여	本宮	天醫	福德	生氣	絶體	絶命	禍害	遊魂
17.25.33. 41.49.57. 65.73.81.	남	絶命	生氣	禍害	天醫	遊魂	本宮	福德	絶體
	여	遊魂	福德	天醫	禍害	絶命	絶體	生氣	本宮

남녀의 연령을 기준으로 하여 생기복덕법을 적용한다.

ⓐ 생기복덕, 천의일은 대길하다.

ⓑ 절체, 유혼, 본궁일은 평길(平吉)하다.

ⓒ 절명, 화해 일은 대흉(大凶)하다.

3. 황흑도일(黃黑道日)

黃 黑 道	寅 申 月 日	卯 酉 月 日	辰 戌 月 日	巳 亥 月 日	子 午 月 日	丑 未 月 日
靑龍黃道	子	寅	辰	午	申	戌
明堂黃道	丑	卯	巳	未	酉	亥
天刑黑道	寅	辰	午	申	戌	子
朱雀黑道	卯	巳	未	酉	亥	丑
金匱黃道	辰	午	申	戌	子	寅
天德黃道	巳	未	酉	亥	丑	卯
白虎黑道	午	申	戌	子	寅	辰
玉堂黃道	未	酉	亥	丑	卯	巳
天牢黑道	申	戌	子	寅	辰	午
玄武黑道	酉	亥	丑	卯	巳	未
司命黃道	戌	子	寅	辰	午	申
句陳黑道	亥	丑	卯	巳	未	酉

결혼월을 기준으로 하여 황도일을 택한다. 황도일을 선택하여 택일하고 나머지는 전부 흑도일로 사용하지 않는다. 생기법의 길일이 전부 흑도일이면 결혼 통용일을 택한다.

4. 십삼살(十三殺) / 월가흉액살(月家凶厄殺)로써 이에 해당 되는 날은 가급적 피한다.

十三殺 ＼ 月別	正	2	3	4	5	6	7	8	9	10	11	12
天殺	戌	酉	申	未	午	巳	辰	卯	寅	丑	子	亥
披麻	子	酉	午	卯	子	酉	午	卯	子	酉	午	卯
紅紗	申酉	辰巳	子丑	申酉	辰巳	子丑	申酉	辰巳	子丑	申酉	辰巳	子丑
受死	戌	辰	亥	巳	子	午	丑	未	寅	申	卯	酉
羅網	子	申	巳	辰	戌	亥	丑	申	子	巳	申	申
天賊	辰	酉	寅	未	子	巳	戌	卯	申	丑	午	亥
枯焦	辰	丑	戌	未	卯	子	酉	午	亥	丑	申	巳
歸忌	丑	寅	子	丑	寅	子	丑	寅	子	丑	寅	子
往亡	寅	巳	申	亥	卯	午	酉	子	辰	未	戌	丑
十惡	卯	寅	丑	子	辰	酉	寅	辰	未	巳	子	辰
月厭	戌	酉	申	未	午	巳	辰	卯	寅	丑	子	亥
月殺	丑	戌	未	辰	丑	戌	未	辰	丑	戌	未	辰
黃紗	午	寅	子	午	寅	子	午	寅	子	午	寅	子

Ⅲ. 작명론(作名論)

만물은 태어남과 동시에 나름대로의 쓰임새와 함께 그것을 대표하는 얼굴 즉 이름을 가지게 된다. 사람 또한 예외가 될 수 없기에 출생과 함께 이름을 가지게 되는데 만물의 영장인 사람으로서는 이름 또한 죽는 날까지 가지고 다니는 것이므로 중요하다고 생각된다. 전통적으로 음양오행설을 근간으로 하여 파생된 논리라고 생각되며 여기에서는 작명에 대한 개략적인 것을 기술하여 보겠으며 자세한 것은 전문서적을 참고하기 바란다.

1. 작명(作名)의 조건

① 부르기가 좋은 이름이어야 한다.
② 쓰기가 좋은 이름이어야 한다.
③ 독특하고 개성이 있는 이름이어야 한다.
④ 자의(字意)나 자형(字形)이 좋아야 한다.
⑤ 수리(數理)는 길수(吉數)를 선택하여야 한다.
⑦ 음양오행의 조화가 있어야 한다.
⑧ 작명당사자의 사주를 참조하여 작명한다.

2. 작명의 일곱 가지 관찰

① 자형(字形)의 인상 : 성명의 육체
② 자의정신(字意精神) : 성명의 정신
③ 음령오행(音靈五行) : 성명의 생사(生死)
④ 삼원오행(三元五行) : 성명의 성정(性情)
⑤ 음양배치(陰陽配置) : 상명의 배치

⑥ 수리영동(數理靈動) : 성명의 운로
⑦ 역리대상(易理對象) : 성명의 운행(運行)

3. 삼원오행(三元五行)

삼원오행은 성명학상 수리오행이라고 하는데 성명 전체 운기에 각기 상하 오행 상생, 상극의 운로관계에 따라 이해득실이 발생하고 기초운의 성쇠를 지배함은 물론 건강문제에 영향을 준다.

- 삼원오행 : 1, 2 / 木   3, 4 / 火   5, 6 / 土
　　　　　　 7, 8 / 金   9, 10 / 水

4. 음령오행(音靈五行)

태초에 문자가 없을 때는 소리로서 인명(人名)을 칭하였는데 오성음(宮 商 角 緻 羽)이 발전하여 생명이 숨쉬는 연유로 오음의 상생, 상극은 대외적 반사작용으로 행동력을 지배하여 평생의 득실관계에 영향을 미친다.

가) 음령오행 : ㄱ ㅋ / 木, ㄴ ㄹ ㄷ ㅌ / 火, ㅇ ㅎ / 土
　　　　　　　ㅅ ㅈ ㅊ / 金 , ㅁ ㅂ ㅍ / 水

나) 오행으로 본 표음문자(表音文字)

- 木은 角이며 牙音이므로 牙音에 힘을 주어 발성되어 나오는 行音이다.
- 火는 緻이며 舌音으로 혀를 움직여 발성되어 나오는 행음이다.
- 土는 宮音이며 口喉音 으로서 목구멍에서 자연히 발성되어 나오는 행음이다.
- 金은 商音이며 齒音으로서 앞에서 바람을 불어 치아 사이로 새어나오면서 발성되는 행음이다.
- 水는 羽音이며 脣音이므로 입모양을 움직여서 발성되는 행음이다.

5. 원형이정(元亨利貞)

元格 : 이름자의 합수, 유년, 초년의 운명을 지배하며 亨格과 상호연관 작용한다. 單字名이면 그 한자의 획, 三字名이면 삼자를 합한 획으로 본다.

亨格 : 성과 이름 첫자의 합획을 말하며 중년의 중심 지배운으로 全運에 가장 강력하게 작용하고 인격형성과 사업 및 가정운에 강한 영향력을 발휘한다.

利格 : 姓字와 이름 下字를 합한 획수로써 중장년의 운을 지배하며 亨格과 연관 작용한다.

貞格 : 성명 전체의 획수로써 중년이후부터 말년까지 결산하여
　　　지배한다.

◎ **實例**　**李**　　**知**　　**原**
- 획수 :　7　　　8　　　10
- 오행 :　토　　　금　　　토
- 음양 :　양　　　음　　　음

- 성명 풀이
-元格 : 剛健發展運 開發進取之象 / 發達運
-亨格 : 統率福壽運 萬物統合之象 / 福壽運
-利格 : 勇進健暢運 自奮暢達之象 / 剛健運
-貞格 : 安全健暢運 安康無難之象 / 健暢運

참고문헌

1. 原典

「滴天髓」

「滴天髓闡微」

「說文解字」, 上海古籍出版社

「呂氏春秋」

「淮南子」

「白虎通義」

「五行大義」

「袁天綱五星三命指南」

「淵海子平」

2. 單行本

徐樂吾,「滴天髓補註」, 臺灣武陵出版有限公社, 1995

殷南根,「五行의새로운理解」,法人文化社, 2000

沈孝瞻/徐樂吾,「子平眞詮平註」, 臺灣武陵出版有限公社, 2005
심재열 편저,「命理正宗精解」, 明文堂, 2004
李錫映,「四柱捷徑」韓國易學敎育學院, 2002
박주현,「四柱心理學」, 낭월명리학당, 2007
大韓曆法硏究所,「天氣大要」, 대지문화사, 2000